张金岭 宋军令 王海 著

新乡建与乡村旅游

——乡村振兴战略下乡村旅游发展的
理念和路径创新研究

中国旅游出版社

前　言

　　白居易在《与元九书》中说："文章合为时而著，歌诗合为事而作。""时"是时代，"事"是当下社会现象、现实问题、现实课题。

　　本书作者所处的"时"，是当今中国特色社会主义进入的新时代。党的十九大报告指出："经过长期努力，中国特色社会主义进入了新时代，这是我国发展新的历史方位。"关于"新时代"定义的历史方位，党的十九大报告作了精辟概括。一是新时代"是承前启后、继往开来、在新的历史条件下继续夺取中国特色社会主义伟大胜利的时代"。这句话是讲新时代的中国要举什么样的旗、走什么样的路的问题。二是新时代"是决胜全面建成小康社会、进而全面建成社会主义现代化强国的时代"。这句话是讲新时代我们要完成什么样的历史任务、进行什么样的战略安排的问题。三是新时代"是全国各族人民团结奋斗，不断创造美好生活、逐步实现全体人民共同富裕的时代"。这句话是讲新时代要坚持什么样的发展思想、达到什么样的发展目的的问题。四是新时代"是全体中华儿女勠力同心、奋力实现中华民族伟大复兴中国梦的时代"。这句话是讲新时代要以什么样的精神状态、实现什么样的宏伟目标的问题。五是新时代"是我国日益走近世界舞台中央、不断为人类作出更大贡献的时代"。这句话是讲新时代的中国处于什么样的国际地位、要对人类社会作出什么样的贡献的问题。中国特色社会主义进入新时代具有重大意义，中华民族迎来了从站起来、富起来到强起来的伟大飞跃。

　　本书所述的"事"，是当前我国正在加快推进的乡村振兴伟大事业。习近平总书记在党的十九大报告中提出实施乡村振兴战略，指出"农业农村农民问题是关系国计民生的根本性问题，必须始终把解决好'三农'问题作为全党工作重中之重。要坚持农业农村优先发展，按照产业兴旺、生态宜居、乡风文明、治理有效、生活富裕的总要求，建立健全城乡融合发展体制机制和政策体系，加快推进农业农村现代化"。"促进农村一二三产业融合发展，支持和鼓励农民就业创业，拓宽增收渠道。加强农村基层基础工作，健全自治、法治、德治相结合的乡村治理体系。培养造就一支懂农业、爱农村、爱农民的'三农'工作队伍。"

乡村振兴战略是继社会主义新农村、美丽乡村建设之后更加深入、全面、系统解决"三农"问题的重大部署。党的十九大报告为中国广大农村发展和亿万农民实现对美好生活的向往描绘了新的蓝图。"产业兴旺、生态宜居、乡风文明、治理有效、生活富裕"这20个字是对乡村振兴提出的历史任务和总体要求，是新时期开展"三农"工作的顶层设计。

本书作者就是在这样的新时代背景下，对乡村振兴和乡村旅游相融发展课题进行新的思考的成果。过去我们从事了多年的乡村旅游研究，做过不少乡村旅游规划设计项目，取得过一些务实研究成果，对乡村和乡村旅游有着比较深入真切的了解，也有着化不开的乡村情结。如今，全国各地乡村振兴如火如荼地展开，乡村迎来了百年不遇的大变革、大机遇，这样的形势激发我们生发了更大的研究热情和行动力量。于是，我们开始着手撰写一部旨在论述在乡村振兴战略下如何创新发展乡村旅游的著作，响应党和国家大力实施乡村振兴战略的号召，从旅游专家学者的视角，从乡村振兴引领乡村旅游和乡村旅游助推乡村振兴的途径，提出一些思路和方法，希望能对推进乡村振兴和乡村旅游有所裨益。

与其他乡村振兴研究著作不同的是，本书将新时代的乡村振兴与我国近现代历史上的乡村建设事件联系起来进行观察和研究，既重视当今乡村振兴对历史上的乡建的传承，也强调其与以往乡建的不同，尤其是其对以往乡建的超越，突出当今乡村振兴的理论创新、制度创新和路径创新。通过简要回顾和总结我国近现代历史上的乡建经验，使读者大体了解我国乡村振兴的来龙去脉，起到鉴往知来的启迪作用，使大家明白当今的乡村振兴是对历史上乡建的继承和发展。过去的乡建经验是非常宝贵的财富，前人的许多思路和做法充满着对我国国情民情的洞察，充满着穿透时空的智慧之光，值得我们认真借鉴。本书有意对此进行了一些梳理和揭示，虽然论述还是粗线条的，但是表达了对乡建历史的尊重和对历史上许多乡建智慧的赞赏。这是作者需要特别说明的。也正是在历史传承的意义上，本书将今天的乡村振兴与历史上的乡建联系起来，从而将当今的乡村振兴称为"新乡建"，似不为过。这一学术上的称谓，对于历史地、全面地认识乡村振兴是有意义的，希望不要引起误解。而在现实的乡村振兴工作中，我们也不会简单化地用"新乡建"来取代"乡村振兴"的称谓。提出"新乡建"的说法是一种学术观点，意在倡导用"长时段"的历史之眼观察继往开来的乡村振兴伟业。

为了更好地认识我国乡村振兴之路，作者对外国乡建经验进行了介绍，选择英、美、法、日、韩等国家的乡建事例进行分析，以起到他山之石的作用。虽然国情有所不同，但是这些国家各自独辟蹊径的乡建实践，对我们也有很强的启发意义。

本书依据乡村振兴大背景来研究我国乡村旅游的创新发展。乡村振兴是国家大战略，乡村旅游是一个小的产业领域，今天和今后我们研究乡村旅游都离不开国家乡村振兴大战略的指引和统领。同时，我们也认识到，乡村旅游对于乡村振兴具有重要价值。乡村旅游是推动乡村振兴的一支不可忽视的有生力量，对于有些地区来说乡村旅游甚至能成为推动乡村振兴的主要力量。结合国外乡建经验，通过发展乡村旅游推动乡建也是非常有效的办法。

本书回顾了我国改革开放以来乡村旅游发展历程，总结了乡村旅游发展模式，展望了新时代乡村旅游发展的趋势，重点对新时代乡村旅游新的发展模式、开发路径、可持续发展进行了论述。为了体现本书的现实应用价值，作者主要从中观、微观层面进行撰述，宏观上紧紧围绕"产业兴旺、生态宜居、乡风文明、治理有效、生活富裕"20 字方针贯彻落实。

在乡村旅游开发路径创新方面，针对特色小镇、田园综合体、乡村民宿、乡村文创、康养旅游进行了重点分析。在乡村旅游规划设计方面，则专门写了乡村景观美学设计的内容，希望对一线从事乡村景观设计建设的人士有所帮助。

为了让读者对于"新乡建"环境下我国乡村旅游最新趋势和现象有个直观的认识，我们选取了几个成功案例进行介绍和评析。这些案例多数是新鲜的案例，希望能为读者带来一些启发。

我国的乡村振兴伟大事业刚刚起步，在乡村振兴战略框架下发展乡村旅游也是一个新的时代课题，本书具有一定的前瞻性和开拓性，也具有一定的应用性和借鉴价值。作者在借鉴大量前人成果的基础上，也试图有所探新，写出一些自己的研究心得，呈现出一些从实践中得来的感悟，希望这本书能成为一本比较接地气的书。

以上是本书的旨趣所在，而是否真能达我们所愿，就有待读者的评判了。

·CONTENTS·目录

第一章　"新乡建"与乡村振兴

当今我国推进的乡村振兴是习近平新时代中国特色社会主义建设事业的有机组成部分，在实现中华民族伟大复兴"中国梦"中占有重要地位。我们把新时代乡村振兴工作从学术的角度称为"新乡建"，直接来说，就是新时代的乡村振兴和乡村建设事业。

但是，从历史的角度来说，新时代的乡村振兴也不是凭空从天上掉下来的，它也有历史的传承性，是中国近现代乡村建设事业在新时代的继承和发展。因为我们是当代人研究当代事，所以就以新时代的乡村振兴作为"新乡建"，突出当今乡村振兴的"新意"，同时注意将其与历史上的乡村建设史实进行联系和比较，主张从历史经验中汲取智慧和营养，开阔视野，精准施策，避免走一些弯路。

为了较为全面地看待当今的乡村振兴，有必要对中国近百年来乡村建设史进行一番回顾和总结，并对历史上的乡村建设事件与"新乡建"进行对比分析，从中发现"新乡建"从历史上的乡建那里继承了什么、发展了什么、创新了什么。

由于我国近百年来乡村建设内容极为繁杂，这里不可能面面俱到地回顾这段波澜壮阔而又艰辛困苦的乡建史，只能选择那些我们认为最有启迪意义的内容进行梳理和论述。关于这段乡建史的叙述，我们主要以温铁军、潘家恩主编的《中国乡村建设百年图录》为线索进行梳理，其中对诸多具体乡建人物和事件的论述参考了其他很多学者的论著。

一、百年乡村复兴之路

1937 年，梁漱溟在《乡村建设理论》一书中说："一部中国近百年史，从头到尾就是一部乡村破坏史。"中国近代乡村史，是近代中国屈辱、衰败史的一个缩影，外国侵略、军阀混战、土匪横行、苛捐杂税、自然灾害等多种破坏力纷纷向乡村社会倾泻，乡村承受了不能承受之重，近代乡村社会走上了漫长的衰败之路。读这段历史，不能不令人扼腕长叹、黯然神伤！

这构成了中国近代以来一代又一代有识之士倡导乡村复兴、救国救民的大背景。

（一）清末民初的萌动

1. 定县村治

1904 年，河北定县翟城村乡绅米春明（字鉴三）被聘为定县劝学所学董，开始以翟城村为示范，实施一系列改造乡村的举措。这一地方民众自发的"翟城试验"孕育了受到海内外关注的中华平民教育促进会"定县试验"。翟城村成为中国乡村建设运动的发源地。这里是中国近代村民自治第一村，最早创办村级女子学校，最早创办农民合作社——因利协社。

2. 南通县治

主张"实业救国"的状元实业家张謇在其家乡江苏南通进行了以"南通县治"闻名的乡村建设。南通农会成立于清光绪二十年（1894 年）前后，于 1912 年在城南门外建立事务所。农会向当地农民推广优良品种，讲解耕种知识，兼管地方林业和乡人的婚丧嫁娶及邻里纠纷等繁杂事务。在此创办了学校、公共体育场、垦牧公司、贫民工场、养老院、残废院、栖流所（收养乞丐并培养其谋生技能）、盲哑学校等多样化的乡村建设事业。张謇在南通的一系列地方建设实践卓有成效，影响和启发了一大批仁人志士，被称为"有实无名"的乡村建设。

20 世纪初，一些地方乡绅自发组织开展的乡村建设实践成为我国乡村建设事业的萌芽。我们发现，虽然这一时期乡建处于萌芽阶段，但是由于开风气之先的倡导者具有较高的素质和救国救民情怀，起点是比较高的，给后来者诸多启发，其开创之功应当牢牢铭记！

（二）20 世纪 20—30 年代的勃兴

据中华民国南京政府国民政府实业部调查，20 世纪 20 年代末、30 年代初，全国从事乡村建设的团体和机构达 600 多个，先后设立的各种试验区有 1000 多处。这一阶段的乡村振兴表现出百家争鸣、理论性与实践性并重、社会广泛关注、成果相当可观的特点。

1. 晏阳初以及中华平民教育促进会与定县试验：医治"愚、贫、弱、私"四个病根

晏阳初（1890—1990 年），四川巴中人，享誉世界的平民教育家、乡村建设思想家和实践家。自 20 世纪 20 年代初创立中华平民教育促进会（以下简称平教会），以"宗教家精神"（毛泽东语）毕生致力于平民教育与乡村建设。抗战爆发后，1939 年平教会总部迁驻战时首都重庆，开启了晏阳初在重庆搞乡村建设的新的一页。

晏阳初认为，乡村是中国社会的基础与重心，要救中国，必先救乡村；要建设中国，必须先建设乡村，没有高素质的国民，中国就会永远积贫积弱。

1926 年，晏阳初选择定县作为平民教育试验区。1929 年，他带着全家从北平迁到定县翟城村定居下来。到村里之后，他们立即和村民打成一片，学定县话，吃定县饭，住定县屋，走街串巷，下地劳动。中华平民教育促进会机关也从北平迁到定县。参加定县实验区的工作人员最多时达到 400 人。

经过深入民间调查研究，晏阳初指出："在定县，我们研究的结果，认为农村问题是千头万绪。从这些问题中，我们又认定了四种问题是比较基本的。这四大基本问题，可以用四个字来代表，即愚、

贫、弱、私。"所谓"愚"就是没有文化，"贫"就是贫穷，"弱"就是身体差，"私"就是没有公共心和合作精神。这四个问题必须同时解决，乡村面貌才能彻底改变。

为此，他设计出一套农村教育、经济发展、医疗卫生、社会组织齐头并进的科学方法。提出"以文艺教育攻愚，培养平民的知识力；以生计教育治贫，培养生产力；以卫生教育扶弱，培养强健力；以公民教育克私，培养团结力"的四大教育目标，和"学校式、社会式、家庭式"相结合的三大教育方式，全面推进农村政治、教育、经济、自卫、卫生和礼俗"六大整体建设"的总体思路。

晏阳初在定县的十年实验取得了显著效果，尤其是促进了定县经济的发展，人民生活得到改善。后来由于日本侵华战争爆发，定县实验被迫中止。

2. 梁漱溟以及山东乡村建设研究院与邹平试验：乡村建设运动实是图谋中国社会积极建设的运动

梁漱溟（1893—1988 年），原籍广西桂林，生于北京，现代思想家、哲学家、教育家、社会活动家、爱国民主人士，现代新儒学的代表人物之一，有"中国最后一位儒家"之称。

梁漱溟在 1937 年出版的《乡村建设理论》中写道："中国近百年史，也可以说是一部乡村破坏史。"可见他对当时乡村惨状是多么痛彻心扉，从而发起拯救衰败乡村的心愿。

梁漱溟于 1917—1924 年受蔡元培之聘任北京大学讲师、教授，阐发其"东方精神文明论"和新儒家思想，在学术界产生一定影响。1924 年，他辞去北大教职，到山东创办了山东乡村建设研究院，发表《中国民族自救运动之最后觉悟》《乡村建设大意》《乡村建设理论》等著作，推行乡村建设运动。山东是民国时期乡村建设的重要地域。1931—1937 年，在韩复榘任山东省主席期间，山东乡村建设得到迅速发展。

梁漱溟总结乡村建设运动兴起的原因，主要有四个：一是起于救济乡村运动；二是起于乡村自救运动；三是起于积极建设之要求；四是起于重建一个新社会构造的要求。这里，梁漱溟既有对当时社会环境的分析，又有对中国文化和国情的独特理解。因此，他认为，中国的前途必然是要走乡村建设之路，"即谓必走振兴农业以引发工业之路，换言之，即必从复兴农村入手"。

1931年，他在山东邹平创办山东乡村建设研究院。该院分为乡村建设研究部、乡村服务人员训练部及乡村建设实验区三个部分。研究部招收大学或大专毕业生，两年毕业后分配到实验区（实验县）任职。服务人员训练部，招收中等文化程度的学生，训练服务工作人员。而实验区则管理县政。具体措施是，建立以"乡农学校"为核心的"行政教育合一"的乡村基层组织，普遍推行"新乡约"。在经济上，试图建立社会化的新经济结构，实行"合作经济"，推广农业科学技术。目的在于，从社会的最基层入手，建立一个以中国固有精神为主、吸收西方文化长处的新的社会组织，以解决中国的社会问题。该院因1937年抗日战争爆发而停办。

在乡村建设理论中，梁漱溟把乡村建设作为和平建国的基础。在实践中，探讨以乡学、村学为基础"行政机关教育化、教育机关化"的管理之路。他坚持知识分子的良知与责任，维护的是农村农民的利益，实践着自己认为正确的第三条建设中国的道路，这是梁漱溟的乡村建设目的之所在。

梁漱溟的乡村建设理论的主要内容有两点：首先是发展乡村合作社，积极开展教育；其次是引进科学技术，改善农民生产生活环境。梁漱溟想通过知识分子与农民的联合，在共同的组织即合作社中发展乡村文化，促进农村、农业、农民的发展，最终促进工业的发展，使国家摆脱贫困，实现国家的繁荣。他认为，不仅仅需要合作社，还需要合作组织与科学技术的相互推进。

梁漱溟认为，正是因为中国文化严重失调从而导致国贫民弱，要想解决中国的出路问题，就要从文化入手。积极创造乡村新文化，以文化求政治上的出路。梁漱溟推崇中国传统文化，注重乡村文化教育、坚守道德秩序，推行以道德为手段的乡学、村学来作为改造乡村社会的根本手段。虽然他不赞同西方的政治制度，但非常认同西方重视组织团体、培养团体意识的做法，并把这作为乡村改造的基础；同时，大力提倡合作运动和西方良种及先进的农业技术。这些中西合璧的思想在乡村建设中得到充分体现。

但是，梁漱溟特别主张从文化、道德入手来改造经济、改造社会的做法，具有浓重的理想主义色彩，是不大行得通的。他推行的是仿古式乡村改良路线，不赞成农村的阶级斗争和土地革命，就不可能解决中国乡村社会的根本问题。中国共产党与梁漱溟等"乡建派"人物都清醒地认识到农村问题的重要性，但是在乡村走革命路线还是改良路线方面，梁漱溟与共产党产生了根本分歧。为此，在当时和中华人民共和国成立后，梁漱溟遭到了批评和批判。

时易事异，政治环境已经发生根本的变化，过去梁漱溟遭受批判之处已经不是我们今天关注的重点。前车之鉴，后事之师。从积极的视角看，梁漱溟的乡村建设思想与实践探索为我们今天从事乡村振兴积累了宝贵的经验。他为农民利益奔走呼号及务实苦干的精神值得后人学习。

1986 年，梁漱溟 93 岁时，对他数十年乡村建设工作总结道："团体组织，科学技术"，是其乡村建设的目标。这两条经验对于我们今天搞乡村振兴仍有极大的启发意义。一是农民需要组织起来，不能一盘散沙；二是农民需要科技、文化的武装，农业产业需要现代化，农民也要享受城乡均等化的生活条件和社会保障，乡村应当具有文化底蕴，而不应当是愚昧落后的代名词。

3. 卢作孚与嘉陵江三峡乡村建设实验：乡村现代化

卢作孚（1893—1952 年），重庆市合川人，爱国实业家、教育家、社会活动家。他青年时便提出教育救国。他以北碚为基地，从事乡村建设的理论探索和社会实践，被誉为"北碚之父"。

1930 年，卢作孚撰写《乡村建设》一书，对乡村建设的意义、乡村地位的重要性、乡村的教育建设、经济建设、交通建设、治安建设、卫生建设以及乡村的自治建设八个方面展开论述。

嘉陵江三峡地区的乡村建设实验的主要内容包括：以嘉陵江三峡为范围，以巴县的北碚乡为中心，将嘉陵江三峡布置成一个生产的区域、文化的区域、旅游的区域，打造成一个现代乡镇的模型。卢作孚的乡村建设运动，特别是"乡村现代化"的实践活动取得了较好的效果。

应当看到，卢作孚之所以取得较大的成绩也有其特殊的政治、经济和社会因素，当时其他人是很难仿效的。一是当时北碚处于抗日大后方，没有遭受日本帝国主义侵占蹂躏；二是卢作孚作为这一地区的最高军政长官，可以凭借着管理权力把他的规划付诸实践；三是靠他的人格力量，得到了包括军政各界人士的支持；四是他领导了一个清正廉洁的地方政府，齐心协力，促进了乡村建设的发展。这几个特殊原因导致他的做法不可能在当时其他地方推广复制。

1934 年，卢作孚撰写了《四川嘉陵江的乡村建设运动》一文，他提出了"乡村现代化"的口号，而且明确指出"乡村现代化"的目的是实现"国家现代化"。把"乡村现代化"与整个"国家现代化"紧紧联系在一起，而不是割裂开来看待，这正是卢作孚在乡村建设上眼光独到之处，具有全局性和前瞻性。今天读之，仍让人感受到他在乡村建设上具有的先知之明。

4. 陶行知与晓庄师范、育才学校：平民教育到乡间去

陶行知（1891—1946 年），安徽省歙县人，人民教育家、思想家。他是乡村教育的积极实践者和生活教育理论的首创者。

陶行知 1914 年毕业于金陵大学，后赴美留学。1917 年回国，历任南京高等师范学校教授、教务主任等职。五四运动后，他从事平民教育运动，创办了晓庄师范。1932 年起，先后创办了"山海工学团""晨更公学团""劳工幼儿团"等，开展普及教育运动。1939

年，在四川重庆附近的古圣寺为儿童创办育才学校，培养有特殊才能的儿童。

陶行知的乡村建设思想的核心是：教育是改造农村、改造社会的工具，离开了教育的作用，就不会有农村的发展和农民素质的提高。他作为教育家，想要通过教育现代化进而推进整个国家的现代化，而乡村教育现代化是整个教育现代化的重中之重。

他提出了一整套乡村教育理论并付诸实践，主要内容有：

（1）乡村教育要教育农民、改造农民，用教育的力量来唤醒老农民，培养新农民。

（2）乡村学校要作改造乡村生活的中心，乡村教师要作改造乡村生活的灵魂人物。

（3）乡村教育是生计教育，教给农民生产技能、改善生活的能力，不是"教人离开乡下向城里跑"，而是让农民能够"自立、自活"，农村成为生活的乐园。

（4）乡村教育是普及教育。他所主张的普及教育是一种平民教育、大众教育、实用教育、生活教育，而不是空洞教育、经院教育、贵族教育、书呆子教育。

（5）乡村教育是生活教育。生活教育理论是陶行知教育理论的核心内容。他把"民主的、大众的、科学的、创造的"视为生活教育运动的方针，主张"生活即教育""社会即学校""教学做合一"。

陶行知的乡村建设和改造思想，主要强调了教育普及的力量、学校的力量、科技的力量、实践的力量以及教育现代化、人的现代化。乡村教育要注重基础教育、职业技术教育与成人教育相结合、农（业）科（技）教（育）相结合。陶行知强调教育下乡、把农民教育好、将农民团结组织起来，强调农民整体素质的提高，这些思想和实践对于我们当前从事乡村振兴都有借鉴意义。

5. 黄炎培以及中华职业教育社与乡村改进试验：富教合一

黄炎培（1878—1965年），江苏川沙县（今属上海市）人，我国近现代著名的教育家、政治家、社会活动家，民主人士，爱国主义者，中国近现代职业教育的先驱、奠基人。

黄炎培最早于 1913 年针对中国实业学校脱离实际的问题，率先提倡"实用主义"。1917 年，黄炎培在上海成立了以研究和推广职业教育为宗旨的教育机构——中华职业教育社，并于次年创办中华职业学校作为实验校。此后几十年间，他坚持以中华职业教育社为依托，提倡、实验和推广职业教育，并在探索中积累了丰富的经验，提出了一整套独具中国特色的职业教育理论体系。

他认为中国的旧式教育"乃纯乎为纸面上之教育，所学非所用，所用非所学"，改良之道"不独须从方法上研究，更须在思想上研究"。他的结论是采取实用主义，发展职业教育。1917 年 5 月 6 日在上海成立了中国近代史上第一个研究、试验、推行职业教育的全国性团体中华职业教育社。黄炎培被推任办事部主任。中华职业教育社的目的是推广、改良职业教育，改良普通教育。黄炎培将职业教育的重点总结为："谋个性之发展；为个人谋生之准备；为个人服务社会之准备；为国家及世界增进生产力之准备。"而最终目标是"使无业者有业，使有业者乐业"。

1918 年 8 月 20 日，在上海市陆家浜创立了中华职业学校，设木工、铁工、珐琅、纽扣四科，并附设工厂。后来又添设土木、留法勤工俭学、染织、师范、商业等科。学生实行半工半读。黄炎培亲订了"劳工神圣""双手万能""手脑并用"的办学方针和"敬业乐群"校训。

中华职教社选取了江苏昆山徐公桥为改进区域，想以教育为中心，协助解决农民生计入手，引发民众自治，改善乡村面貌。徐公桥试验区的乡村建设实践由此拉开序幕。

1928—1934 年，黄炎培在徐公桥开创了中国近现代史上第一个乡村改进实验区。试验区遵循的原则：一是划区施教，二是富教合一。

中华职业教育社办事部主任江恒源提出"富教合一"思想。他认为，中国农村贫困的真正根源在于农民的穷、愚、弱、散，穷是农村问题的根源，愚、弱、散都是由"穷"引发而来的。从事乡村改进工作，首先要改进农民的物质生活，然后进行农村教育。农村教育不仅仅是狭义上的文字教育，而应该是广义上的生计教育和道德教育。要将农村经济与农村教育有机地结合起来，农村改进应遵循三个大纲：一是文化方面，应该注重教育普及、卫生体魄且要注重农业人才的培养；二是经济方面，主管全区生计改善事宜；三是政治方面，涉及区内公共治安和组织建设。总结起来就是教、富、政三端，教以救其愚，富以救其穷，政以化其私，三者并重，不宜偏废。

该乡村改进实验区主要做了以下工作：

（1）开展农事推广活动，传播实用知识。

（2）建立合作社，增强农民的自治意识。

（3）开展文化教育，提高农民文化水平。

（4）开展社会生活教育，改进生活方式。

中华职业教育社在徐公桥的改进实验，前后持续了七年时间，在发展经济、文化教育、卫生保健和移风易俗等方面取得了一定的成就。[1]

徐公桥乡村改进试验虽然没有从根本上拯救乡村，但其实验成果丰富，改良效果颇佳，作为同时期其他乡村改进试验的榜样，其对于当前乡村振兴仍有借鉴意义。

以下三点特别值得借鉴：一是推进乡村改进应与农村生计挂钩，遵循"富教合一"方针；二是注重社会教育与学校教育相结合，提高农民素质，改善农民精神生活；三是注重青年训练，培养乡村治理人才。[2]

---

[1] 朱考金，姚兆余."富教合一"：徐公桥乡村改进实验初探［J］.中国农史，2007（4）.

[2] 李静.徐公桥试验区乡村社会教育研究［J］.终身教育研究，2017（4）.

（三）20 世纪三四十年代的转型与相融：乡村革命与乡村建设

抗日战争爆发后，多数乡村建设者被迫从"救民"转向了"救国"，以宣传动员、人才培养等方式直接或者间接地参与抗战救国活动，民族解放与乡村建设结合起来。与此同时，在抗战大后方，乡村建设实践者们在"国统区"探索减租减息和合作社建设。中国共产党则在延安等地成功地开展土地改革、合作社、农业改良、民众文艺、移风易俗等乡村建设事业。延安的抗战和乡村建设取得的成就引起国统区社会各界的关注。1938 年，梁漱溟到延安考察，与毛泽东会谈 8 次。梁漱溟看到"在极苦的物质环境中，那里的气象确是活泼，精神确是发扬。"（《梁漱溟全集》第 6 卷，第 194 页。）

这一时期，抗战救国、乡村革命与乡村建设相结合，乡村建设并没有停止，而是国内外形势使之发生了转型，并向纵深发展。

1. 中华平民教育促进会与华西实验：经济、教育、卫生、地方自治四种建设

抗战爆发后，1939 年平教会总部迁驻战时首都重庆，开启了晏阳初在重庆进行乡村建设的新的一页。晏阳初创办的中国乡村建设学院开辟了乡村建设的华西实验区（1939—1949 年）。

华西实验区，全称为四川省第三行政督察区、中华平民教育促进会华西实验区，是 20 世纪 40 年代由晏阳初领导，在重庆周边的巴县、江北、合川、江津、永川、綦江、璧山、铜梁、荣昌、大足 10 县和北碚管理局，以璧山为总部，以农村经济、教育、卫生和地方自治"四大建设"为主要内容的乡村建设实验运动。这是继河北定县实验之后，在中国大陆组织开展的又一次长时期、大规模、系统化的平民教育与乡村建设实验，被学者誉为晏阳初建立的"第二个社会实验室"。

华西实验是定县实验的继续和扩大，但由于环境、条件的变化，做法上也有改变。正如华西实验区《农村建设计划》所言："吾人认

为唯有由经济、教育、卫生、地方自治四种建设工作入手，借建设促进农民之自觉，借建设逐步改善农民生活，此等建设既为有组织的活动，故农民在建设进展中遂能形成组织，并逐渐提高其知识力、生产力、健康力及自治力，而能以自力解决问题，发展建设，使农村日进于现代化。"

与定县实验相比，华西实验区的范围更大，乡村建设的实验探索更系统、更深入。《华西实验区组织大纲》明确规定："实验方式，采辅导办法，针对乡村问题，分析研究，参酌实际情形，订定具体改造方案，为建设性之实验。并与乡村建设学院配合，作为学生实习研究之场所。"由此可见，定县实验的重心在"教育"，"建设"是"教育"的重要内容；而华西实验区的重心在"建设"，"教育"是"建设"的重要内容。

华西实验区与定县实验，作为晏阳初平民教育与乡建实验的主要载体，为中国和世界乡村改造运动的勃兴，提供了十分重要的实践经验的支撑。

2. 乡村建设学院：乡村人才教育培训

四川乡村建设学院：1933年，川东共立师范学校的乡村师范专修科和四川中心农事试验场合并，正式成立四川乡村建设学院（今西南大学前身之一），校址在巴县龙隐镇磁器口，创院院长是甘绩镛。1937年，四川乡村建设学院邀请梁漱溟来川讲学。

私立中国乡村建设学院：1940年，私立中国乡村建设学院由中华平民教育促进会创建于巴县歇马乡（今重庆北碚歇马镇）大磨滩附近，占地500亩。为了让师生与乡村社会更多地接触相融，学院设在乡村，也没有围墙。原名乡村建设育才院，1945年扩充为独立学院，院长由平教会总干事晏阳初担任，1951年该院被接管，改名为"川东教育学院"，翌年院系调整，并入西南师范学院等校，为今西南大学的前身之一。现在的西南大学设有乡村建设学院。该乡村建设学院设农学、农田水利学、乡村教育学、社会学四个系，学制 4 年，以华西试验区为教学实践基地。乡村建设学院不设训导处，最大化地进行学生自我管理，学生成立"四自会"——下设自立、自给、自强、自治四个组。自给组组织举办学生食堂，买菜和食堂清洁都由学生处理。学生除了学习、劳动以外，还参加体育运动、文艺表演，并与重庆各高校学生密切互动。

创办乡村建设学院的目的是解决乡村建设的专业人才问题。过去，人才匮乏是乡村建设的大障碍，今天仍是。乡村振兴的核心是人的问题，尤其是人才问题——领头人和专业人才问题。

3. 延安时期中国共产党领导的乡村革命和乡村建设：创造一个新世界

所谓的延安时期指的是中共中央在陕北的 13 年，具体指 1935 年 10 月 19 日，中共中央随中央红军长征到达陕北吴起镇（今吴起县）落户"延安"，到 1948 年 3 月 23 日，毛泽东、周恩来、任弼时在陕北吴堡县东渡黄河，迎接革命胜利的曙光这近 13 年时间。

中国共产党在延安以及其他革命根据地、解放区进行乡村革命的同时，也致力于乡村建设，走了一条与前述"乡建派"不一样的乡村建设之路。

以毛泽东为代表的中国共产党人通过对农村的调查研究，形成了对近代中国农村的正确而深刻的认识，创造性地提出了在农村建立革命根据地，走农村包围城市的正确革命道路。为实现这一伟大目标，而逐步提出了乡村经济、政治和文化建设的思想，进行了乡村建设的伟大实践。

（1）乡村经济建设

抗日战争时期，中国共产党根据实际需要调整了国内革命战争时期实行的土地革命政策，实行了减租减息的土地政策。中共中央于 1946 年 5 月 4 日发出了由刘少奇起草的《中共中央关于清算减租及土地问题的指示》，即《五四指示》。《五四指示》的主要精神是将减租减息的政策改为没收地主土地分配给农民。1947 年，制定了

《中国土地法大纲》，该土地法第一条明确规定："废除封建性及半封建性剥削的土地制度，实行耕者有其田的土地制度。"该土地法有力地推动了解放区土地改革运动深入进行，使广大农民在政治经济上彻底翻了身。

（2）采取措施发展农业生产

第一，提高农业技术；第二，采取移民政策；第三，实行农贷政策；第四，实行农业累进税；第五，大力开展农村互助合作运动，农民自愿组织的各种劳动互助组织大量出现。

（3）乡村政权建设

抗战时期，中国共产党提出了建立抗日民族统一战线的主张，并在抗日根据地建立抗日民族政权。解放战争时期，为了巩固土改成果，各解放区建立了各级人民代表会议制度，建立普选的村、区、县三级人民政府。在建立乡级政权的同时，中国共产党的基层组织、农会、妇女、民兵组织也相继建立起来，形成了解放区的基层组织体系。

（4）乡村文化建设

由于各根据地自然环境恶劣，经济状况落后，农民的文化水平极其低下，大多数为文盲或半文盲。中国共产党清醒地认识到，在满是文盲的国度里，是建立不起来新民主主义社会的。中国共产党非常重视农村文化建设，把农村文化建设上升到抗战胜利和革命前途的重大问题的高度来看待。

第一，在文化教育方面，根据地不仅依靠政府的力量，大力举办各级公办教育机构，还以村庄为单位，广泛发动群众，鼓励农民办教育，创办了大量的民办村学。各种文化教育组织本着因地制宜、因时制宜、因人制宜的原则把文化教育与农民的生产、生活结合起来，取得了良好的效果。

第二，在文化宣传方面，中国共产党在农村广泛开展了宣传科学、反对迷信的新文化运动，利用各种宣传形式，揭露封建礼教、巫婆、神汉等欺骗人民、愚弄人民的唯心主义谬论，逐步在农民思想里注入科学文明的思维。

第三，在文化艺术方面，展开了轰轰烈烈的文化下乡运动。文艺工作者塑造了喜儿、杨白劳、小二黑、王贵、李香香等一系列具有典型时代特色、勤劳勇敢的新型农民形象，这些形象走进了广大农民的生活里，为改造农民思想和农村文化建设注入了新鲜的血液。[①]

需要说明的是，1949 年中华人民共和国成立后，延安时期的乡村革命和乡村建设事业，伴随着新中国国家政权的建立和巩固，乘胜向全国推行。通过实施全民扫盲、技术推广、赤脚医生、乡村民兵、社队企业、大众文艺、农田水利、互助合作，让农民当家做主，让妇女撑起半边天，形成劳动光荣的社会氛围等有效措施，使得农村呈现出人欢马叫、热气腾腾的生产生活景象，农民奋斗在希望的田野上。

与此同时，也要看到，在新形势下，原来"乡建派"知识分子主导的乡村建设行为萎缩或者中止了。原来"乡建派"的许多代表人物，积极参与了新中国建设事业，可见其涓涓之流汇入了新中国建设大潮之中。比如黄炎培，作为中央人民政府政务院副总理兼轻工业部部长，也作为共产党的好友和诤友，其思想和实践不同程度地融入了新中国乡村建设实践过程之中。"乡建派"知识分子与中国共产党在乡村是否存在阶级革命这个问题上是相互对立的，在思想和做法上存在分歧，但是在建设新中国的局面下，两者如同两根稻草被拧成一根绳子一样协调起来。

（四）改革开放后全国农村改革实验区（1987—1997 年）：农村改革勇敢探路

1987 年 1 月，中共中央发出《把农村改革引向深入》的"5 号

[①] 刘铭.延安时期的乡村建设实践［J］.农业考古，2016（1）.

文件"，指出农村经济体制改革的根本出发点是发展社会主义的商品经济，促进农业现代化，使农村繁荣富裕起来，并提出创办农村改革试验区。设立试验区的主要目的：一是通过局部地区的超前探索，为深化农村全局改革探路；二是对实践中的成功经验加以规范，为中央制定有关政策或法规提供依据。

农村改革试验区是中央推进农村改革试点试验的综合平台，在改革中诞生，在改革中成长。20世纪八九十年代国务院设立的30个试验区，先后开展了粮食购销体制改革、土地管理制度建设、农村税费制度改革等方面的探索试验，取得了一大批成果。

农村改革试验区成立后，30个全国农村改革试验区围绕着20多个试验主题和上百个试验项目开展了先行先试，创造了许多"最早"或"第一"。福建宁德试验区把对外开放与山区经济开发结合起来，培育完善市场体系，利用沿海优势扩大对外开放，为贫困地区脱贫致富奔小康提供了经验。河北玉田试验区将股份机制引入村级社区合作经济组织，进行社区股份合作制探索，为在面上推进农村社区股份合作制改革蹚了路子。广西玉林、河南新乡试验区最早启动粮食购销体制改革的试验，对形成1990年全国的"稳购、压销、提价、包干"的粮改方案和此后进行的购销同价改革，起到了重要参考作用；贵州湄潭试验区首创的"增人不增地，减人不减地"经验，写进了1993年的中央农村工作会议文件并在全国提倡推广；安徽阜阳、湖南怀化、贵州湄潭试验区的"农村税费改革"，为中央制订2000年全国性的农村税费改革试点方案提供了重要参考；陕西延安试验区在20世纪90年代前半期开始的"退耕还林草"试点，为相关政策制定提供了依据。可以说，农村改革试验区对推动农村改革的实践发挥了不可替代的作用，在思想、理论、制度创新方面做出了历史性贡献。

截至2018年年底，农村改革试验区总数为57个，分布在27个省（自治区、直辖市）和两个计划单列市，承担中央部署的改革试验任务 50 多项，涉及深化农村土地制度和农村集体产权制度改革、完善农业支持保护体系、建立现代农村金融制度、健全城乡融合发展体制机制、完善乡村治理能力和治理体系等 6 个方面，覆盖了农村改革的主要领域。

改革开放以来，"苏南模式"一度引起世人的关注。在新农村建设中，苏南人从自己的地理区位、经济基础、历史传统出发，积极探索出一条以工业化致富农民，以城镇化发展农村，以产业化提升农业，以知识化熏染乡风的成功模式。

苏南模式，以农业为基础，以工业为主导，以集体经济为主体，以小城镇为基点的农工商相辅、城镇乡共同繁荣、经济社会全面发展的一种发展模式。而以集体经济为主的乡镇工业，则是这一发展模式的核心和主导力量，引导广大农民走共同富裕道路，逐步创造条件消灭三大差别，则是这一发展模式的基本目的。苏南的乡镇工业产生于农业，又反哺农业，服务农业，并带动第三产业，出现了农、林、牧、副、渔与工、商、运、建、服十个轮子一齐转，全面振兴农村经济的好势头。到了近年，科技、信息、金融等市场，也摆上了应有的位置。[①]

苏南在发展经济过程中，流行五句话，就是："无农不稳，无工不富，无商不活，无智不前，无才不兴。"这个经验总结对于乡村振兴工作具有很强的借鉴价值。前三句说的是一、二、三产的关系，后两句强调知识、科技、人才的重要性，都具有普遍意义。

（五）"三农"问题凸显以来的乡村建设（1991—2017 年）：一个跨世纪的沉重主题

无论改革开放前的中国，还是其他各国，都没有"三农"概念和"三农"问题的提法。此概念和提法是中国在 20 世纪 80 年代中期到 21 世纪初逐步形成的，其间经历了思想酝酿、提出内涵、凝练

---

① 王淮冰，吴大声．试论苏南模式和农村进步［J］．江苏社会科学，1987（4）．

概念和中央正式公开使用四个阶段。

1985—1991 年是"三农"思想萌芽阶段。1991—1994 年是党和政府把"三农"并列相提和提出"三农"概念内涵的阶段。1991 年 11 月，中共十三届八中全会通过的《关于进一步加强农业和农村工作的决定》，第一次将农村、农业和农民并列起来，正式提出了"三农"问题。这表明，关于"三农"问题的学术观念，在中共中央领导层面已经获得了共识。

1994—2002 年是进行凝练概括、明确提出"三农"概念和"三农"问题的阶段。1995 年，温铁军提出以"三农"问题取代"农业问题"的政策建议，得到中央主要领导肯定并成为国家重大政策；1996 年，他首次提出并全面阐述"三农"这一概念及其内涵。温铁军认为，"三农"问题不是"农业、农村、农民"，而应是"农民、农村、农业"。农民主体的问题、关注农村发展问题应该得到更多关注，农业问题是由此派生的。"三农问题"凸显的原因：一是基本国情矛盾即人地关系高度紧张；二是体制矛盾即城乡分割对立的二元社会经济结构。在人地关系高度紧张这个内在的基本矛盾制约下，解决我国的"三农"问题，很大程度上要靠农村外部条件的改善。解决"三农"问题既要在"三农"之外下功夫，也要在"三农"之内找出路。李昌平于 2000 年 3 月上书朱镕基总理，反映湖北农村的突出问题，指出"农民真苦、农村真穷、农业真危险"，引起中央对"三农问题"的高度关注。

2003 年以后，进入中央正式公开使用"三农"概念和"三农问题"提法的阶段。2003 年 12 月，中共中央、国务院通过的《关于促进农民增加收入若干政策的意见》中第一次在中央正式文件中公开使用了"三农"概念和"三农问题"的提法。该《意见》指出：党的十六大后"各地区各部门按照中央的要求，加大了解决'三农'问题的力度"，强调"对'三农'问题，不仅分管领导要直接抓，而且党政一把手要亲自抓，地、县两级领导要把主要精力放在农业和农村工作上"。

可见，形成"三农"概念和"三农问题"的提法，是中国改革开放以后党和政府、农村政策研究部门和学术界面对新情况，在长期改革实践和深入调查研究的基础上，对三农之间以及三农与国家宏观政策和宏观环境之间关系的认识不断深化的结果，是改革开放中的重要理论成果，是集体智慧的结晶，而不是一两个人的发明创造。[①]

从历史和现实的角度看，"三农问题"的产生在某种程度上讲，它是我国现代化进程的必然产物。关于"三农问题"的争论也是农村现代化进程中的必然课题。"三农问题"的核心是农民问题，农民问题具体表现在三个方面，分别是收入低、增收难、城乡居民贫富差距大。解决"三农问题"是一项复杂的系统工程，也是一个久久为功的事业。

首先，在指导方针上，要改变城乡发展中长期存在的"重城市轻农村、重工业轻农业、重市民轻农民"的传统观念，确立以工促农、以城带乡、城乡相融、协调发展的全局意识，做到城乡发展一盘棋，从思想上切实把"三农"工作摆在重中之重的位置。

其次，在发展模式上，要扭转局限在"三农"内部解决"三农"问题的思维惯性，确立用工业化富裕农民、用产业化发展农业、用城镇化繁荣农村等综合措施解决"三农"问题的系统观念，以工业化的视角和系统工程的方法谋划农业的发展。

最后，在发展战略上，要统筹工业化、城镇化、农业现代化建设，加快建立健全以工促农、以城带乡长效机制，全面落实强农惠农政策，加大对"三农"的支持力度，重点做到"三个倾斜"：一是向农村基础设施倾斜，着力改善农村的生产生活条件，提高农业和农村的发展能力；二是向农村社会事业倾斜，着力提高农村文化、教育、卫生保障水平；三是向农村基层公共服务倾斜，理顺基层的

---

① 贾俊民，葛文光.关于三农概念与三农问题提法的考察［J］.中国农村观察，2013（5）.

事权与财权关系，完善基层政府和基层组织的职能，着力提高农村基层组织的行政管理和服务水平。

2005 年 10 月，党的十六届五中全会提出建设社会主义新农村的重大历史任务，提出了"生产发展、生活宽裕、乡风文明、村容整洁、管理民主"的具体要求。

国家"十一五"到"十二五"期间，全国很多省市按中共十六届五中全会的要求，为加快社会主义新农村建设，纷纷制定美丽乡村建设行动计划并付诸行动，取得了一定的成效。例如，2008 年，浙江省安吉县正式提出"中国美丽乡村"计划，出台《建设"中国美丽乡村"行动纲要》，提出 10 年左右时间，把安吉县打造成中国最美丽乡村。浙江省制定了《浙江省美丽乡村建设行动计划》，广东省增城、花都、从化等市县从 2011 年开始也启动美丽乡村建设，2012 年海南省也明确提出推进"美丽乡村"工程。"美丽乡村"建设已成为中国社会主义新农村建设的代名词，全国各地掀起美丽乡村建设的新热潮。

"美丽乡村"建设是新农村建设升级版，"美丽乡村"之美既体现在自然层面，也体现在社会层面。开展"美丽乡村"创建活动，符合国家总体构想，符合社会发展规律，符合农业农村实际，符合广大民众期盼，前景广阔。

（六）新时代的乡村振兴（2017 年至今）：乡村全面复兴

党的十九大报告提出实施乡村振兴战略，这是我国很重要的一个战略选择。习近平总书记明确指出："农业农村农民问题是关系国计民生的根本性问题，必须始终把解决好'三农'问题作为全党工作重中之重。"报告提出，要"建立健全城乡融合发展体制机制和政策体系，加快推进农业农村现代化"，为我国百年乡村建设史掀开了新的历史篇章。其中，核心思想是"城乡融合发展""农业农村现代化"，可谓抓住了"三农"问题的实质。

2018 年 2 月 4 日，新华社发布了《中共中央国务院关于实施乡村振兴战略的意见》，这是党的十九大后首次发出的中央一号文件。该文件是新时代"三农"工作的总抓手，是新时代乡村振兴战略重大总体部署，是乡村振兴战略实施纲领性文件。

2018 年中央一号文件从新时代实施乡村振兴战略的重大意义、实施乡村振兴战略的总体要求以及提升农业发展质量培育乡村发展新动能等十个方面进行阐述。文件清晰地描绘出乡村振兴战略蓝图：2020 年，乡村振兴取得重要进展，制度框架和政策体系基本形成；2035 年，乡村振兴取得决定性进展，农业农村现代化基本实现；2050 年，乡村全面振兴，农业强、农村美、农民富全面实现。文件立足于当前谋划于长远，给出实现乡村战略的清晰路线图，这是中央制定的新时代乡村振兴战略性顶层设计，是乡村振兴战略纲领性文件，展现了党高瞻远瞩的雄心，也展现了党脚踏实地、努力实现乡村振兴的信心和恒心。

乡村振兴战略的总目标是实现我国农业农村的现代化，具体的建设目标为党的十九大报告中提出的实施乡村振兴战略的"二十字"方针，即"产业兴旺、生态宜居、乡风文明、治理有效、生活富裕"。

乡村振兴战略"二十字"方针所体现的五大具体目标是相互联系的有机体。因此，不仅要科学把握这"二十字"方针的具体内涵，而且还要科学把握这"二十字"方针五大目标的相互关系。具体而言，在乡村振兴战略的推进过程中，要把实现百姓"生活富裕"作为乡村振兴的根本目标；要把"治理有效"与"乡风文明"建设有机结合，通过"治理有效"促进"乡风文明"建设，通过"乡风文明"建设提高"德治"水平，实现"三治合一"的乡村"善治"格局；要把"产业兴旺"与"生态宜居"有机结合，使"生态宜居"既成为"生活富裕"的重要特征，又成为"产业兴旺"的重要标志。这是因为，乡村的"产业兴旺"是体现一二三产融合和功能多样的

"产业兴旺"，其中乡村的休闲旅游和康养产业发展，无疑要以"生态宜居"为基础和前提。

从党的十六届五中全会提出"生产发展、生活宽裕、乡风文明、村容整洁、管理民主"二十字社会主义新农村建设总要求，到党的十九大提出"产业兴旺、生态宜居、乡风文明、治理有效、生活富裕"二十字方针，两相对照，从"生产发展"到"产业兴旺"，从"生活宽裕"到"生活富裕"，从"村容整洁"到"生态宜居"，从"管理民主"到"治理有效"，不难看出，在中国特色社会主义进入新时代，"三农"发展的战略要求也与时俱进地进行了升级。

（七）新时代乡村振兴与过往乡村建设实践的对比分析

近百年来的中国乡村发展，大体经过"乡村建设—新农村建设—乡村振兴"三个阶段。推进乡村振兴是一项庞大的系统工程，必须考虑历史和现代的联系、继承和发展的关系。从过去的"乡建派"的乡村建设运动、新农村建设中汲取有益经验，警醒历史教训，对我们当前和今后开展乡村振兴工作，无疑具有鉴往知来的重要意义。因此，制作如下对比分析表，供读者参考，相信会引发读者的进一步思考。

中国百年"三阶段"乡村建设对比分析简表

时间	阶段	领导者组织者	建设内容	效果/影响	城乡关系
20世纪初至1949年	乡村建设派的乡建运动；中国共产党领导的革命根据地和解放区土地革命和乡村建设	教育家、实业家、地方乡绅、地方政府、中国共产党。总体上表现为民间自发式的乡村建设	以文化、教育和实业入手进行乡村改良、改造；中国共产党强调土地革命和阶级斗争，农村包围城市	乡建派取得一定效果，但缺乏良好的政治基础和外部环境，基础薄弱，难以持续，昙花一现；中国共产党领导的乡村革命和乡村建设由小至大、从弱到强，推翻压在农民身上的"三座大山"	乡建派较少关注城乡关系，但关注农工商的关系；共产党强调走农村包围城市的革命道路

续表

时间	阶段	领导者组织者	建设内容	效果/影响	城乡关系
1949—2017年	对土地所有制进行彻底变革,在此基础上进行社会主义新农村建设;同时也形成了城乡二元体制导致的新矛盾	中国共产党和各级政府主导	共产党领导广大农民围绕土地所有制的一系列革命,先后实践了农民土地私有制、合作化、人民公社、包产到户等不同时期的土地所有和经营形式,在农村进行农田水利建设、基础公共设施建设、提供教育医疗等基本公共服务,显著提高了农业生产与农民生活水平。解决"三农"问题	善于破坏一个旧世界,善于建设一个新世界;建设社会主义新农村、美丽乡村。但是,不容忽视的是,农村依然呈现衰败态势,农民收入与城市收入差距的绝对额一直在扩大,农村的优质教育、医疗服务水平依然很低,农村空心化、老龄化趋势一直在加剧,农业现代化严重滞后于工业化、信息化和城镇化	城乡对农村从"汲取"到"给予"的转变:农业为工业化提供原始积累,城市从农村汲取资源资金;2005年党的十六届五中全会制定了"多予、少取、放活"的工业反哺农业、城市支持农村的重要方针
2017年至今	乡村振兴	中国共产党和各级政府主导	产业兴旺、生态宜居、乡风文明、治理有效、生活富裕	实现乡村现代化;2020年,乡村振兴制度框架和政策体系基本完成;2035年,农业农村现代化基本实现;2050年,乡村全面振兴,农业强、农村美、农民富(预期)	城乡融合,城乡一体化,城乡公共服务均等化;农村农业现代化与工业化、城镇化、信息化同步发展

资料来源:根据温铁军、潘家恩主编《中国乡村建设百年图录》(西南师范大学出版社,2018);周立《乡村振兴战略与中国的百年乡村振兴实践》(《理论参考》2018年第4期)以及历次中央党代会报告以及改革开放以来针对农业发布的政府1号文件等文献整理。

回顾我国百年来乡村振兴史,就可发现其始于民间自发的乡建派围绕文化和教育进行农村建设的尝试;兴于国家进场后,中国共产党作为乡村革命派带领农民围绕土地所有制的彻底变革;盛于国家主导下对农村从"汲取"到"给予"的新农村建设;成于新时代的乡村振兴战略,城乡融合、产业振兴和四化同步,将改变农村与城市发展不平衡、不充分、不同步的局面,走出中国特色的乡村振兴之路。①

二、乡村振兴与乡村旅游的关系

（一）乡村振兴战略的意义、目标和路径

1. 重大意义

乡村是具有自然、社会、经济特征的地域综合体，兼具生产、生活、生态、文化等多重功能，与城镇互促互进、共生共存，共同构成人类活动的主要空间。乡村兴则国家兴，乡村衰则国家衰。我国人民日益增长的美好生活需要和不平衡不充分的发展之间的矛盾在乡村最为突出，我国仍处于并将长期处于社会主义初级阶段的特征很大程度上表现在乡村。全面建成小康社会和全面建设社会主义现代化强国，最艰巨、最繁重的任务在农村，最广泛、最深厚的基础在农村，最大的潜力和后劲也在农村。实施乡村振兴战略，是解决新时代我国社会主要矛盾、实现"两个一百年"奋斗目标和中华民族伟大复兴中国梦的必然要求，具有重大现实意义和深远历史意义。

2. 目标任务

党的十九大报告提出实施乡村振兴战略，史无前例地把这个战略庄严地写入党章，是全面建成小康社会的重大战略部署，为农业农村改革发展指明了航向。2018 年中央一号文件《中共中央 国务院关于实施乡村振兴战略的意见》明确提出，按照党的十九大提出的决胜全面建成小康社会、分两个阶段实现第二个百年奋斗目标的战略安排，实施乡村振兴战略的目标任务是：到 2020 年，乡村振兴取得重要进展，制度框架和政策体系基本形成。到 2035 年，乡村振兴取得决定性进展，农业农村现代化基本实现。到 2050 年，乡村全面振兴，农业强、农村美、农民富全面实现。

---

① 周立. 乡村振兴战略与中国的百年乡村振兴实践［J］. 理论参考，2018（4）.

3. 乡村振兴 20 字总要求

党的十九大报告对乡村振兴战略提出了"产业兴旺、生态宜居、乡风文明、治理有效、生活富裕"的 20 字总要求。乡村振兴不仅是经济的振兴，也是生态的振兴、社会的振兴，文化、教育、科技的振兴，以及农民素质的提升，我们要系统认识，准确把握。乡村产业、治理、乡风、生活、生态，"五子"登科，内在要求是统筹推进农村经济建设、政治建设、文化建设、社会建设、生态文明建设，在"五位一体"推进中，建立健全城乡融合发展的体制机制和政策体系，加快推进农业农村现代化。

4. 具体路径

乡村产业振兴、乡村人才振兴、乡村文化振兴、乡村生态振兴和乡村组织振兴。

（1）产业振兴。产业振兴是乡村振兴的重要基础，在于通过实施因地制宜的产业政策来实现产业兴旺的基本目标。推动产业融合，构建一二三产业有机融合的发展体系，延伸产业链并努力实现收益增值。同时，打破农产品流通壁垒，积极探索引入"互联网 +""共享经济""共享农场"等新型农业产业发展新模式、新业态，实现产供销一体化的高效农业产业体系。

（2）人才振兴。人才是第一资源，强化人才队伍振兴是提升农业竞争力和实现农业农村现代化的核心工作，也是促进乡村振兴的关键举措，其现实目标在于培养一批情系农业、心向农村、熟谙农业知识、热心带领农民增收致富的带路人。

（3）文化振兴。繁荣和振兴乡村文化更多的是在精神文明建设层次上要为乡村振兴提供内在保证和动力源泉。一要在扬弃中继承和发扬传统文化；二要加强乡村精神文明建设；三要鼓励新时代下的文化创新，支持文艺工作者以农村为创作天地，创作优秀"三农"题材作品，同时鼓励农民成立文化互助小组，培植真正意义上的本土文化和乡土文明。

（4）生态振兴。把乡村的生态环境治理好和保护好是实现生态文明建设总体目标的重要内容，也是实现农业农村绿色发展、提升农业供给质量的必经之路。一要坚决贯彻实施质量兴农战略；二要完善生态补偿机制；三要发挥农业生态环境的多功能性：大力发展生态农业、乡村旅游等多种形式的现代农业，将农业的生态系统服务价值变现，探索更多高附加值、多产业链的生态农业模式，促进生态保护和经济发展的协调同步与良性互动。

（5）组织振兴。乡村治理体系和基层组织的有序运转是实现乡村振兴的基础保障。一要党建引领，优化基层组织管理的体制机制；二要完善依法治村的制度体系，依法扫黑除恶，建设平安乡村；三要充分发挥村民自治作用，通过强化基层组织尤其是村民组织建设，不断创新组织方式，畅通村民诉求表达通道，营造邻里互帮、村民互助、和谐发展的组织氛围，实现村民自治组织的良性运转。

全力推动乡村的"产业振兴、人才振兴、文化振兴、生态振兴、组织振兴"同步协调发展，推动乡村振兴全面健康有序进行，加快推进乡村治理体系和治理能力现代化，加快推进农业农村现代化，逐渐形成生产美产业强、生态美环境优、生活美家园好、生命旺心灵美"四生四美"的理想局面。

（二）乡村振兴战略下乡村旅游的变革

1. 乡村旅游是乡村振兴事业的重要组成部分

国家乡村振兴战略规划中对乡村旅游也做出了明确的安排，乡村旅游是乡村振兴事业的重要组成部分。乡村振兴战略的提出，为乡村旅游发展提供了前所未有的机遇，为乡村旅游的发展指明了前进的道路。

《乡村振兴战略规划（2018—2022年）》"第五篇"中提出，"实施休闲农业和乡村旅游精品工程，发展乡村共享经济等新业态，推动科技、人文等元素融入农业"。"顺应城乡居民消费拓展升级趋势，结合各地资源禀赋，深入发掘农业农村的生态涵养、休闲观光、文化体验、健康养老等多种功能和多重价值。""第六篇"中提出，"大力发展生态旅游、生态种养等产业，打造乡村生态产业链"。"第七篇"中提出，"推动文化、旅游与其他产业深度融合、创新发展"。其中，包括："实施农耕文化传承保护工程，深入挖掘农耕文化中蕴含的优秀思想观念、人文精神、道德规范，充分发挥其在凝聚人心、教化群众、淳化民风中的重要作用。划定乡村建设的历史文化保护线，保护好文物古迹、传统村落、民族村寨、传统建筑、农业遗迹、灌溉工程遗产。传承传统建筑文化，使历史记忆、地域特色、民族特点融入乡村建设与维护。""以形神兼备为导向，保护乡村原有建筑风貌和村落格局，把民族民间文化元素融入乡村建设，深挖历史古韵，弘扬人文之美，重塑诗意闲适的人文环境和田绿草青的居住环境，重现原生田园风光和原本乡情乡愁。""建设一批特色鲜明、优势突出的农耕文化产业展示区，打造一批特色文化产业乡镇、文化产业特色村和文化产业群。大力推动农村地区实施传统工艺振兴计划，培育形成具有民族和地域特色的传统工艺产品，促进传统工艺提高品质、形成品牌、带动就业。积极开发传统节日文化用品和武术、戏曲、舞龙、舞狮、锣鼓等民间艺术、民俗表演项目，促进文化资源与现代消费需求有效对接。"

2. 乡村旅游提供乡村振兴新动能

乡村振兴战略作为党和国家的战略决策，具有战略性、全局性、长期性的特点，乡村旅游发展必须服务于乡村振兴战略的总要求。乡村旅游是乡村振兴的重要动力。大力发展乡村旅游是实施乡村振兴战略的重要抓手。发展乡村旅游，有利于实现产业兴旺，有利于打造生态宜居空间，有助于实现乡村的乡风文明，有助于形成治理有效格局，有利于实现村民生活富裕。乡村旅游对于乡村振兴能够发挥自己的独特优势，做出应有而特殊的贡献。

乡村旅游是文旅产业的一个重要分支，是推动乡村经济繁荣的新型产业手段，能够在乡村振兴战略中发挥新引擎作用。

（1）发展乡村旅游能有效激活农村产业。乡村振兴，产业兴旺是基础和关键。旅游业作为我国国民经济的战略性支柱产业，是乡村产业振兴的重要产业选择。旅游业作为扶贫产业、综合产业、美丽产业、幸福产业，能为乡村产业振兴发挥引擎作用。乡村旅游为农村产业转型发展提供了新的方向，能够挖掘农业产业的附加价值，促进三产融合发展，丰富并激活农村产业潜力，延伸产业链，实现农业现代化。发展乡村旅游和休闲农业可以盘活农村土地，是提高农村土地资源利用效率和产出附加价值的最佳途径之一。

（2）发展乡村旅游能增加农民收入，促进农民在家门口就业，让农民通过参与乡村旅游产业而脱贫致富。发展乡村旅游不仅能加速农民减贫脱贫，而且还能帮助其实现小康生活梦想，这既是我国乡村振兴战略的出发点，也是落脚点。

（3）发展乡村旅游能够吸引农民工返乡创业、城市创客下乡创业、游客来乡旅游，进一步凝聚农村人气，为乡村振兴发展汇聚急需的人力资源。

（4）发展乡村旅游能更好地传承乡土文化，改善农村教育落后状况。乡村旅游发展传承乡村农耕、村俗、服饰、餐饮、宗祠、建筑、民约等物质和非物质乡土文化，不断促进我国乡村地区的繁荣昌盛。通过大力发展乡村旅游，组织高校、研究机构的旅游管理、农业经济专业教师、研究人员、技术人员下乡进行教育培训，或者通过公司组织农民到外地参观、学习培训，将有效改善我国农村教育资源不足、农民文化素质不高的现实问题，从而提高和改善农村教育水平。[1]

（5）发展乡村旅游对于打造生态宜居乡村也是重要的推手。"绿水青山就是金山银山。"乡村旅游需要以良好生态环境为前提条件。

---

[1] 罗文斌. 乡村旅游将在乡村振兴战略中发挥重大作用［EB/OL］. http://www. ctnews. com. cn/2018-02-06.

如果没有良好的自然生态，如果环境都是污水横流、空气污染，那么乡村就找不到那一片诗情画意，找不到那一片田园风光。同时，发展乡村旅游、乡村全域旅游化也更能提升乡村生态品质，对于营造生态宜居环境，将乡村建设成现代版的"富春山居图"，也会发挥美容师的作用。

三、"新乡建"与国外乡村建设

在全面对外开放的新时代，研究乡村振兴必须具有全球视野，了解其他国家开展乡村建设的历程，重点是总结和汲取他们的成功经验，给我们提供有益的前车之鉴。这里介绍和评析几个国外的乡村建设案例，重点突出这些国家最值得借鉴的乡建经验和做法，作为我们从事乡村振兴工作的参考。尽管其他国家与我国的国情不同，然而也能从中发现一些规律性的东西，尤其是这些国家八仙过海、各显其能，在乡村建设领域呈现出许多创造性的亮点，很值得我们学习。对路的"拿来主义"也是有价值的，比如日本提出的"一村一品"方法，就很有借鉴意义。

（一）国外乡村建设经验

1.英国的乡村建设

林语堂曾说过："世界大同的理想生活，就是住在英国的乡村。"不得不说英国乡村景色美如仙境，乡村是很富裕的，感觉比美国、日本的还要好。英国乡村是全世界"最肥沃的田地、最美丽的园林"之一。你可以感受到英国乡村淳朴的人文环境以及未经污染的自然环境，并不是代表经济落后，生活水平较低。

英国之所以能成为全球"农村和城市差别最小"的国家之一，离不开英国政府不断完善农村基础设施和公共服务建设，重视生态环保和人文环境，以及新型"农业技术"。英国农业智能化程度高。在种植过程中，一些农场利用智能化软件对土地进行扫描，进行精准施肥施药，很好地解决了因土地多样性、复杂性带来的施肥不均、施药不匀等问题。乡村成了距离城市很近、环境优美、居住舒适的区域。

需要注意的是，中英乡村存在相同的问题，比如老龄化和空心化。英国年轻人向往城市生活，18 岁就独立了，他们需要城市提供大量的工作机会和社交，这与中国乡村发展现状是一致的。但是他们不需要两地分居，平时开车代步与上班回家，这样就保证了夫妻和谐，家庭幸福。随着时间的推移，当乡村的中年人老了或老年人去世，又会有新的中年人搬迁到乡村来生活，甚至是过去离开乡村的年轻人变成富有的中年人后回到乡村。在这样不断的循环之中，英国乡村的发展趋于稳定和平衡。看来，缩小城乡差别是拯救乡村、复兴乡村的正确道路。

2. 德国的乡村建设

德国南部农村以土地整理为切入点，根据乡村建设整体目标，以法律、规划为保证，坚持可持续发展和文化特性保护，以及以"城乡等值化"理念为指导的乡村现代化建设，给我们带来许多启示。

（1）顶层设计，法规保障。设立土地整治法律和全域土地整治规划，做到有法可循，有规可依。德国在世界上最早为土地整治立法，拥有世界上先进管用的土地整治理论，制定土地整治规划要动员当地群众参与其中，政府各职能部门要围绕农村土地整治落实部门发展规划。法律保障，权威性强；公众参与，决策科学；程序明晰，规范合理。

（2）坚持城乡等值理念，促进城乡均衡发展。"二战"后，德国乃至整个欧洲农村问题也曾非常突出，大量乡村人口离开家乡涌入城市，结果又导致城市不堪重负。在此情形下，德国开始实施"城乡等值化"的实践探索，主要通过土地整理、村庄革新等措施，促进乡村与城市的均衡发展。

（3）奉行生态优先理念，强调做好生态景观规划。德国在乡村整治过程中高度重视生态环境的保护工作，以促进农村地区的可持续发展。生态占补平衡措施充分体现了德国对生态景观保护和建设的重视，对于土地整治项目区内自然景观的补偿和平衡，分为"规避""平衡"和"补偿"三种措施。

（4）坚持文化传承理念，珍视乡村文化资源。无论是村庄改造还是旧城改造项目，德国都会把民俗文化和历史文化保护放在首要位置，并且在经费资助等方面有明确的支持政策。鼓励村集体和村民参与，群策群力，研究确定村庄类别、功能定位、发展方向，顺应自然、尊重历史、突出乡土、体现文化。防止城市化过度扩张从而蚕食乡村，或者任其衰败、消失。[①]

3. 法国的乡村复兴

"二战"后，法国城镇化与现代化快速推进，乡村则陷入人口骤减、功能单一、景观衰败以及乡村文化边缘化等危机。然而，有效的国家政策干预使法国乡村在随后的半个世纪内经历了功能角色、空间形态、人口构成、文化价值等一系列转变，逐步摆脱困境，走向"复兴"。2003 年，法国发表的《2020 年法国乡村展望：寻求新的乡村可持续发展政策》指出，"法国乡村已经发生了深刻的变化：总体上呈现出人口回流、功能产业多样、生态环境优越、乡村文化凸显的特点"，由此肯定了乡村复兴的总体趋势。

法国的经验和做法非常值得中国借鉴，因为法国也是采取政府主导型的乡村复兴。总结法国的经验和做法，以下几点值得特别注意。

（1）自上而下的政府干预在乡村复兴过程中起到了积极的主导作用。

"二战"后，法国城镇化与现代化快速推进，乡村则陷入衰败

---

① 谭荣，王荣宇.借鉴德国乡村整治经验助推全域土地综合整治［J］.浙江国土资源，2018（10）.

的境地。法国是一个有着相对集权中央政府传统的国家，自上而下的政府干预在乡村复兴过程中起到了积极的引导作用。法国实施有效的干预政策，使乡村在随后的半个世纪内经历了功能角色、空间形态、人口构成、文化价值等一系列转变，逐步摆脱困境，走向乡村"复兴"。法国现代化乡村的基本特征是：乡村多重功能与独特乡村文化的双重复兴，而人口的回流则是乡村活力增强、乡村开始复兴的主要标志。法国各级政府的干预政策，与民间组织的力量有机结合，"自上而下"与"自下而上"形成了促进乡村复兴的合力。

（2）对乡村分类施策，不搞一刀切

根据乡村的区位条件、人口构成、功能产业、居住条件等指标，将乡村分为三类，即"城市的乡村""薄弱乡村"和"新乡村"。

"城市的乡村"是指都市区周边很大程度上受城市社会经济活动辐射的乡村区域，具有人口总量上升、密度较高，农业比重较低，机动化水平高的特征，可分为城市近郊以居住功能为主导的地区和城市远郊居住与生产功能相结合的地区。

"薄弱乡村"是指经济和人口正在衰退的乡村地区，具有人口总量下降、密度低，农业主导、产业单一的特征，具体可分为以农业为主导、低密度、老龄化的乡村以及乡村地区的衰败工业基地。

"新乡村"是指利用当地内生资源实现多样化生产、三产化程度高的乡村地区，具有人口总量上升、密度适中及产业多元化的特征，可分为以旅游业为主导的乡村、吸引新居民新产业的乡村和转型中的乡村。其中，转型中的乡村是指保有一定的农业比重、人口密度相对较低，但三产化程度逐步提高，人口上升的乡村和小城镇。"新乡村"是法国乡村复兴的主导地区。鼓励发展的新乡村，现实中并非都成功了，约有一半新乡村人口回升；约 1/3 的乡村则由于内生动力不足而无法实现功能的转型和人口回升。因此，由于种种原因，有些乡村的衰落甚至消失，是不得不面对的现实。

（3）对乡村生态和文化倍加珍惜，重构乡村功能

法国既是农业大国，也是文化大国，法国乡村的文化性十分突出。法国的乡村复兴行动，一是实现乡村功能的多样化，二是注重乡村文化的复兴，两者相辅相成，让乡村成为城市人向往的家园。乡村不再是单一的农业生产的承载空间，而是被赋予了生产、居住、旅游、生态等多样化的功能。法国的乡村文化内容包括农耕文明、地方精神。他们注重挖掘村镇内乡土特色的构成要素，提炼地方人文要素，塑造具有地方特色的文化意象。

（4）"卓越乡村"项目

2005年开始实施的"卓越乡村"项目作为法国乡村复兴政策第二阶段的核心项目，是"自上而下"的国家顶层设计与"自下而上"的市镇联合体方案策划相结合的公共干预方式的代表。国家确立了"卓越乡村"项目的对象和产业主题：对象为属于"乡村复兴区"的人口不超过3万人的乡村市镇或市镇联合体；四大类乡村特色产业包括促进乡村文化、旅游产业的发展，推进生态资源的保护与可持续开发，吸引新的乡村居民并为其提供服务，发展高水平的农业、工业、手工业和服务业。该项目审核中强调四个方面：一是乡村治理，多个主体合作；二是乡村环境，可持续发展；三是乡村经济，能有效创造乡村地区的直接和间接就业；四是优秀的方案，方案与主题契合并且具有创新性和地方特色。获批的"卓越乡村"项目会得到国家、大区、省政府的资助。[①]

4. 美国：乡村"精明增长"

美国乡村地区的发展可分为四个阶段：17世纪初欧洲人开疆拓土，乡村地区快速发展；20世纪初城市化率达到50%，乡村地区转而采取科学农业发展的策略；20世纪30年代大萧条时期，乡村地区开始产业多样化探索；从20世纪80年代开始强调乡村地区的环境品质。

---

① 李明烨，王红扬.论不同类型法国乡村的复兴路径与策略［J］.乡村规划建设，2017（1）.

美国的农村地区并未发生不可逆的衰落，其经济水平与生活质量均不低于都市地区，这主要源自以下几点：一是注重提高农业生产率；二是政府引导技术与资金投入；三是农业与工业、服务业部门有机融合。[①]

"精明增长"理念最初针对城市提出，对于乡村社区的关注较为滞后。近年来，"精明增长"理念开始被运用到美国乡村地区的规划及建设中，有效地遏制了低密度开发及农地流失，保留了传统乡村景观，促进了乡村社区的繁荣与再生。

乡村"精明增长"的目标：一是创造一个有经济活力的农业生产环境，以此保护农地与自然用地；二是恢复已有场所的繁荣，对已有的设施如村镇中心、主干道以及建成的基础设施进行再利用；三是创造美好的新场所，通过建设充满活力的邻里及社区留住居民尤其是年轻人。根本目标是追求乡村社区发展建设与生态的协调，实现环境、经济和社会效益的统一。

乡村"精明增长"策略的内容如下：

（1）控制乡村社区规模，保护农田、牧场及森林，提高基础设施的使用率

例如，马里兰州 1997 年颁布了精明增长法案并采用了优先投资区政策，见证了优先区内的迅速增长，区内自来水以及排污管道的投资较区外明显增加并且有效地控制了在农田上的住宅及商业开发，同时显著节省了财政支出。

（2）注重对传统乡村景观的保护

通过对现有建筑、道路、管线等予以财政优先补贴进行维护与修缮，减少新增的财政投入，并对这些设施进行有效的再利用。对于有历史价值的商业街道、传统民居、谷仓、磨坊、石砌拱桥等设施，给予联邦及州两级的税收优惠。倡导采用步行或骑自行车的出

---

① 齐镭.乡村振兴怎么做？国外经验带来四大启示［N］.中国旅游报，2018-09-17（A03）.

行方式，这种尊重传统的设计既能减少排放、促进居民健康，又为观光者提供了可赏玩的游憩资源，有效地保护并营造了能够让当地居民和参观者都可感受到的强烈的、特色的场所感。[①]

（3）综合施策激发乡村经济活力

美国在发展农村多元经济方面的政策较多，且政策间互相配合形成了合力。这些政策主要包括：针对农地的税收优惠、可再生能源发展鼓励政策、生态服务市场的建立、农产品价值提升政策以及农业观光发展政策等。

近些年，美国的农村产业发展政策重点支持农村地区的小型企业或新兴产业发展，强调将增强农业和制造业两个农村经济增长驱动力结合起来，挖掘农村能源和生物经济领域的增长潜力。努力促进多种形式农业的共同发展，努力推进农产品和食品的当地消费。《2014 年农业法案》把相关项目整合成生物基市场项目、生物炼制与可再生生化产品和生物基产品制造援助项目、农村能源项目、生物质作物援助项目、社区木质能源项目 5 个，规定了每年强制性预算支出 1.25 亿~1.75 亿美元、自由使用资金 0.95 亿美元。美国力图通过这些项目大力发展可再生产品、能源经济和农村制造业，创造更多绿色就业机会。美国农村有着为数众多的中小农场和小企业，只有他们充满活力、茁壮成长，才能实现农村经济社会的稳定繁荣。美国把扶持中小农场和小企业作为农业农村发展的新机遇。

（4）制定一整套农业农村法制和政策体系

美国对农村发展的认识包括四层含义：一是进行设施和服务的规划、开发，使农村成为宜居和投资经商环境良好的地区。二是发展农村工商业，增加农村就业和收入。三是保护和利用农村自然资源，改善农村居住、经商环境。四是扶持农村机构和组织发展，培育农民及其领导者的发展能力，解决农村发展的自身能力问题。近

[①] 杨红，张正峰，华逸龙.美国乡村"精明增长"对我国农村土地整治的启示［J］.江西农业学报，2013（12）.

年来，随着应对气候变化、保护资源环境压力的增大，也需要农村发展政策更多关注资源、环境问题。围绕这些认识和问题，美国逐步建立和完善了一套农村发展政策体系，如 1936 年《农村电气化法》；1972 年《农村发展法》；1990 年、1996 年、2002 年《农场法》；《2008 年农业法案》《2014 年农业法案》等。美国农业农村政策经历了从关注各自问题到相互融合的演变过程，说明农业、农村的发展是有机的整体。通过法制和政策体系指导和保障乡村健康可持续发展，是美国促进农业农村顺畅发展的主要经验。

（5）生态振兴、产业振兴两不误

近年来，美国特别注重乡村资源环境保护问题，充分认识到农业生产经营活动与资源持续利用、生态环境涵养的内在统一性，发展基于资源环境保护的休闲、健康、文娱产业，为农民从事资源环境保护行为提供收入来源。美国与农民合作保护资源环境的做法，实际上是把农民作为资源环境公共产品的重要提供者。这是实现乡村生态振兴、产业振兴有机结合的有效形式。

（6）培育农村合作组织

美国把合作组织作为农村的关键组成部分，认为其能以较低成本向农民和农村居民提供相关项目、提高发展滞后社区获得项目的机会。美国农业部推出了以增进互信和推广合作商业模式为目标的农村发展合作组织项目，为农村合作组织发展中心、社区合作组织开展相关业务提供资助资金，用于资助农村合作组织发展中心提供技术援助、可行性研究、战略和业务规划、领导能力培训等服务。[①]政府联手众多社会组织一起合作推进乡村建设是一条可行之路，也是必经之路。

5. 日本的乡村建设：乡村振兴运动

日本作为我国的近邻，农业也存在大量小农户生产，而且同属

---

① 李晴，叶勉. 美国乡村发展的四个阶段，引自规划头条 http://www.upnews.cn/archives/39748，原载微信公众号《小城镇规划》.

东亚儒家文化圈，乡村文化有一定的相似性，其走过的乡村振兴之路及其取得的经验，相比欧美国家来说，更有可借鉴之处。

日本乡村振兴运动大致可划分为三阶段。第一阶段为 1946—1960 年，中心任务是完善相关制度，促进粮食增产。第二阶段为 1961—1975 年，中心任务是提振农村经济，促进城乡均衡发展。第三阶段为 1976 年至今，中心任务是强化政府引导，推进农村产业融合发展。其中最为突出的亮点是"造村运动"，即各个地区依托自身优势发展特色农业，形成以农业特色产品为主导的农村区域发展模式。1999 年颁布新的《粮食、农业、农村基本法》，进一步明确 21 世纪乡村振兴运动发展战略及其基本的实施计划，主要包括粮食和农产品的稳定供给、农业的多功能性、农业可持续发展等，旨在基本消除城乡差距，实现城乡高度融合发展。[①]

造村运动：

日本的造村运动始于 20 世纪 70 年代末，在日本也被称作造町运动。造村运动的出发点，是以振兴产业为手段，促进地方经济的发展，振兴逐渐衰败的农村。随着造村运动的发展，其内容扩展到整个生活层面，包括景观与环境的改善、历史建筑的保存、基础设施的建设、健康与福利事业的发展等；运动的地域也由农村扩大到城市，成为全民运动。

造村运动的主要做法：

第一，打造"一村一品"。所谓"一村一品"运动，实质上是一种在政府引导和扶持下，以行政区和地方特色产品为基础形成的区域经济发展模式。它要求一个地方（县、乡、村）根据自身的条件和优势，发展一种或几种有特色的且在一定的销售半径内名列前茅的拳头产品。当然，"一村一品"并不限于农特产品，也包括特色旅游项目及文化资产项目，如文化设施或地方庆典活动等。

---

① 徐雪.日本乡村振兴运动的经验及其借鉴 [J].湖南农业大学（社会科学版），2018（5）.

第二，"造人"。造村运动的倡导者大分县前知事平松守彦认为，培养出具有国际水平的高素质人才，是使一个地区获得新生的关键。造村运动的最终目标是"造人"，要发掘生活在本地的年轻人的热情和积极性，培养出一大批既具有实践能力又能扎根于本地区的人才。日本农民教育的供给呈现出主体多元化的特征。从总体上看，一是各级农业科技教育培训中心；二是高中等农业院校；三是企业与民间的各类培训服务机构；四是各级农民协会；五是各级农业技术推广服务体系和农业改良普及系统。这种由政府、学校和民间力量共同构成的多主体参与，相互交流、相互补充的全方位供给系统，能够有计划、分层次、有重点地开展农民职业技术教育。

第三，创设农村金融体系，解决"钱从哪里来"的问题。农村产业的振兴需要完善的金融体系的支撑，日本的农村金融体系由政策性金融与农协金融组成。农林渔业金融公库是日本农业政策性金融机构，由政府依据《农林渔业金融公库法》于1953年全资设立，负责对土壤改良、造林、林间道路、渔港等生产性基础设施建设提供贷款，以及对维持和稳定农林渔业的经营、改善农林渔业的条件所需资金提供贷款。日本农村金融的另一支主力军是农协金融。农协设有信用部，其业务以分散农户为单位，使得农户能以较低利率进行相互融资，业务范围包括会员的存款、贷款、票据贴现、债务担保和国内汇兑交易等信用业务。[①]

6. 韩国的乡村建设：新村运动

韩国的新村运动取得了显著成就，并得到国际社会的认可。为了消除贫困和实现可持续发展，国际社会高度关注韩国的新村运动及"Can do"精神，并强调了新村运动对未来国际社会的作用。在促使处于贫穷境地的最贫国在短期间内摆脱贫困的过程中，联合国教科文组织（UNESCO）曾将韩国新村运动的经验编入教科书。

---

① 陈磊，曲文俏.解读日本的造村运动［J］.当代亚太，2006（6）.

韩国"新村运动"发展大致过程：1970 年韩国总统朴正熙发起旨在加快农业现代化、改善农民生活条件、促进农村综合发展的新村运动。运动按时间共分为五个阶段。1970—1973 年为基础建设阶段，由政府主导重点改善农民居住条件。1974—1976 年为全面发展阶段，重视推广农业科技，调整农业产业结构。1977—1980 年为充分提高阶段，政府逐步淡化其主导作用。1981—1988 年为自发运动阶段，农民主导性进一步加强，农村地区进一步发展。1988 年至今为自我发展阶段，完全由民间主导，并重视文化建设。

新村运动使韩国农村得到了长足发展。首先，农村基础设施逐渐健全，农民居住房屋、饮水卫生等生产生活环境明显改善；其次，通过新村运动，农民收入不断提高，城乡发展机会均等，城乡统筹一体化；最后，改变了农民的精神面貌，使其养成自立自强的精神，素质学识得到了提高。[①]

韩国在 20 世纪 70 年代以后开展了"新村运动"，扭转了城乡差距，在支援城市工业化的同时，顺利实现了农村的现代化。韩国农民的平均收入从 1970 年的 25.6 万韩元增至 1977 年的 153.3 万韩元，增加了近 5 倍。1971—1978 年韩国约 3.3 万村庄，平均每个村庄道路得到改善 2600 米、修建小桥 2.1 座、改善河岸 238 米、建设水库 0.7 个，农村的电气化比例从 1970 年的 20% 增加到 1977 年的 98%。此外，新村运动使韩国农村的精神面貌焕然一新，树立了自信与合作的精神面貌，改变了韩国长期受殖民统治低落的精神面貌，这种隐形的社会财富为韩国之后的经济腾飞奠定了基础。[②]

韩国实施的"新村运动"对我国推进乡村振兴具有较强的借鉴价值。可借鉴之处，有以下几点：

① 苑文华.韩国新村运动对我国乡村振兴的启示［J］.中国市场，2018（28）.

② 韩昊辰，谭亚茹.韩国"新村运动"成功因素的研究——兼论对我国新农村建设的借鉴意义［J］.财金观察，2018（1）.

（1）政府倡导，政策支持

政府在20世纪70年代建立了稳定的人员架构来推进新村运动，进而实现了高效指导和管理村庄事业。当时为了高效地推进新村事业，政府依据新村运动中央协议会的方针，构建了地方运动组织。各市·道和市·郡单位组建了新村运营协议会，各邑·面单位组建了新村促进委员会，各里·洞单位组建了里洞开发委员会。任命各级行政机构长担任单位组织委员长，各委员会的委员由有关机构人员参与。委员会的决策组织和政府机构建立联系，构成了中央和地方之间的垂直组织体系。另外，政府政策也是新村运动成功的重要因素。在该国总统的大力推动下，政府开展了示范试点工作，逐渐形成了连接一线市郡和邑面的新村运动推进体系。政府以多种形式扩大新村运动的成效，包括视察成功的村庄、提供总统和政府特别支援款、邀请优秀新村领导人举行月刊经济报告会等。政府通过宣传成功的村庄和新村领导人及其成功事迹，扩大了新村运动的社会影响。[①]

（2）加强基础设施和公共服务设施建设

韩国在新村运动中，不断完善基础设施，加强道路、桥梁、通水、通电、污水处理、电气化等基础设施的建设，使乡村具有与城市同等的基础设施。在公共服务方面，发展农村教育，推进优质医疗资源向农村地区倾斜，构建了广覆盖、保基本的社会保障体系。

（3）培养新村领导人

新村运动得以顺利开展，发挥最重要作用的是新村领导人的主动参与。新村领导人的作用在于与村民讨论形成村庄未来发展方向的共识，并对村民进行意识革新等相关的宣传教育等。政府通过组织研修班、专门化技术教育、领导艺术课程等，提高了新村领导人的综合素质，使其能够更加高效地带领村庄实现健康发展。新村领导人使得村庄分散的民心得以集聚，协力建设新农村。

---

① 李仁熙，张立.韩国新村运动的成功要因及当下的新课题［J］.国际城市规划，2016（6）.

注重培训骨干力量。为培训新村运动骨干，韩国从中央到地方都设立了设施完备的"新乡村运动研修院"。各级公务员和各村推选男女各一名指导员进入研修院学习。研修院的学员要有很强的使命感，在他们毕业返乡后，要自觉担负起劝导民众和以身作则的核心角色。此外，参与新村运动的不仅有政府和农民，还包括社会名流、知识分子、企业家、宗教界人士甚至外国人，他们要与新村建设指导员一起参加培训，尽其所能地支持新村运动。此举不仅促进了韩国乡村经济社会发展，而且逐步发展成为提升全民素质和国民精神的教育普及运动。[①]

（4）开展第二次新村运动

韩国新村运动中央会在2013年新村领导人会议上倡导"第二次新村运动"，并提议开展文化共同体运动、近邻共同体运动、经济共同体运动和全球的共同体运动这四个课题研究。这些课题具有战略意义，可以提高社会的健康程度和生活质量，建设安全的日常生活圈，通过建设资源循环社会进行经济复兴，以及促进新村运动价值的海外传播。凭借文化—近邻—经济—全球的共同体运动，"第二次新村运动"展现出其全新的价值。[②]

（二）国外乡村建设经验对我国新时代乡村振兴的启示

1.法规保障，规划先行

无论是欧美各国，还是日韩近邻，乡村建设事业无不是在政府强力倡导和政策大力支持下得以进行的。为了有效推动乡村建设，实现乡村可持续发展，都出台了相应的法律、法规、政策文件，进行科学规划，做到规划先行，规划管全面、管长远、管约束，按照规划进行乡村建设。比如英国，从19世纪末霍华德的田园城市规划，到"二战"期间以大伦敦规划为代表的区域规划，再到"二战"

---

① 刘康.韩国"新村运动"建设的成功之处［N］.中国县域经济报，2017-08-17（003）.

② 李仁熙，张立.韩国新村运动的成功要因及当下的新课题［J］.国际城市规划，2016(6).

后的新镇建设规划可谓一脉相承。其主旨在于加强小城镇发展，以经济、社会、生态可持续性良好的大量小城镇为核心，带动周边乡村地区的发展。其优势在于，避免形成少数大都市因其过高的城市首位度而对广大乡村地区产生不可逆的"恶性吸血"，令"待输血"乡村与"可供血"城镇近在咫尺，人员和资本在城乡间进退自如，乡村地区始终保持经济、文化、社会乃至生态的全维度活力。[①]

2. 产业振兴，激活乡村自我造血功能

产业振兴是拯救乡村衰败、推动乡村复兴的最重要手段和途径。世界各国在乡村建设中，采取了花样繁多的乡村产业振兴举措，都值得我国借鉴。例如，法国的生态农业、西班牙的创意观赏农业、美国的科技农业、日本的"一村一品"等。

比如法国，就成功实现了乡村的现代化。乡村功能与文化的双重复兴相辅相成，共同构成了法国现代化乡村的基本特征。首先，乡村不再是单一的农业生产的承载空间，而被赋予了生产、居住、旅游、生态等多样化的功能。这一转变意味着乡村经济、社会功能的拓展，投入产出效率的提高，从而抵御了农业就业人数减少带来的乡村就业萎缩以及剩余劳动力的持续外流。其次，随着乡村功能的拓展，法国乡村文化历经变迁，最终在地方特色的传承与彰显中找到立足之本，由此汲取养分、重拾自信，走出了乡村文化边缘化的困境。[②]

3. 彰显乡村独特性，让乡村更像乡村

正确看待和处理城市关系，做到城乡"和而不同"，既不同又相融。城乡一体化并非城乡一样化。如果把乡村都改造得像城市一样，那就是对乡村建设的误解，也是对乡村的无情毁坏。乡村应有自己独特的生态环境、生产方式、生活方式和生命价值。这恰恰是城市所不具备的，对城市人具有很强的吸引力。这样，才能实现城乡"和而不同"，阴阳平衡，互补互动，相互涵养，社会才会稳定，

① 齐镭.乡村振兴怎么做？国外经验带来四大启示［N］.中国旅游报，2018-09-17（A03）.
② 李明烨，王红扬.论不同类型法国乡村的复兴路径与策略［J］.乡村规划建设，2017（1）.

国家才会长远繁荣兴盛，人民才会幸福。

比如日本，为解决这种"农村过疏"的问题，从 20 世纪 70 年代开始至今，日本政府规划并实施了旨在改善农村生活环境、缩小城乡差别的"村镇综合建设示范工程"。该示范工程的最大成果是复兴了乡村"生境"，重振了农民的乡土信心，令其享受到与城市"生境"等同的"硬件"配套和相对更好的"软件"环境，自觉自愿地引领乡村社区积极投身地域产业振兴和文化传承，令乡村地区获得真正可持续的生机。[①]

4. 创设乡村金融体系，解决"钱"的问题

直面现实，乡村振兴必须得解决"钱"的问题，科学、长远地解决"钱"的问题。不是给地方、村民一些帮扶资金、补贴资金这样简单，送钱到乡村固然是好事，能满足一时的救济需要，但是不能解决根本问题、长远问题，也是不可持续的做法。因此，必须考虑创设乡村金融体系，从体制机制上解决乡村振兴缺"钱"的问题。

参考日本的例子，日本的农村金融体系由政策性金融与农协金融组成。农林渔业金融公库是日本农业政策性金融机构，由政府依据《农林渔业金融公库法》于 1953 年全资设立，负责对土壤改良、造林、林间道路、渔港等生产性基础设施建设提供贷款，及对维持和稳定农林渔业的经营、改善农林渔业的条件所需资金提供贷款。20 世纪 70 年代中期，日本粮食生产过剩，扶持农产品加工和流通成为农业政策新重点。20 世纪 90 年代初期，日本农产品市场对外开放，公库设立"特定农产品加工资金"，将资金投向支持增强本国农产品的竞争能力。日本农村金融的另一支主力军是农协金融。农协设有信用部，其业务以分散农户为单位，使得农户能以较低利率进行相互融资，业务范围包括会员的存款、贷款、票据贴现、债务担保和国内汇兑交易等信用业务。农协金融机构遍布农村，服

---

① 齐镭.乡村振兴怎么做？国外经验带来四大启示［J］.中国旅游报，2018-09-17（A03）.

务工作细致周到，经常组织农协职工走访农户，坚持常年登门服务。因此，农协储蓄吸收了大量农村闲散资金，能够以优惠条件向农户发放贷款，而且一般不需要担保。农户贷款的用途并不限于从事农业生产，只要农民需要，都可以向农协贷款，主要包括：农业周转资金、生活资金和工商业周转资金等短期贷款、生产性的设备资金和非农业生产投资，还有消费型的房屋建设改造和耐用消费品添置等长期贷款。另外，政府向农业部门投入的贷款资金和利息补贴资金，也会通过各级农协的窗口发放给农户。[①]

5. 注重"人"的因素，解决乡村缺"人"，尤其是缺"人才"的问题

乡村振兴最终还得靠"人"的力量和智慧，必须发动和依靠当地的人民群众的积极性和创造性，同时鼓励社会各界的专家、人才下乡支农帮扶，保证乡村振兴的自发性与持续性。

比如韩国，大力激发农民自立自强、勤勉合作的精神。韩国的新村运动得以顺利开展的最根本动力是村民的主动参与。

韩国的新村运动虽由政府倡导，但具体到各项细节上，农民拥有很大的自主权。如负责组织大家行动的指导员由农民自己选出，而里长（相当于我国的村主任）只管服务。这些指导员统一着装，除政府会给予一定的精神和物质奖励外，不拿报酬。指导员本身还需要较高的素质，能够以身作则，带头苦干，树立标杆，组织、规划、指导各项具体活动的开展。

韩国注重对居民进行精神启蒙、思想教育。在新村运动中，韩国政府将"勤勉、自助、合作"的精神扩展到城乡各地。同时，各地根据自身实际情况和建设需要将这种精神不断升华。比如原州市将"勤勉、自助、合作"的精神进一步演变为"实事求是、自力更生、自律竞争"，为原州市的新村运动建设注入了新的活力。

---

① 陈磊，曲文俏. 解读日本的造村运动 [J]. 当代亚太，2006（6）.

6.复兴乡村文化，将乡村文化作为乡村核心吸引力

乡村美丽宜居生态和乡村独特文化是乡村的两个核心吸引力，是推动乡村前进的两个轮子，缺一不可。乡村文化既是乡村的独特价值，也是引领乡村复兴的主要动力之一。乡村缺少自己的独特文化，就没有了根和魂，也就失去了魅力。

比如法国，法国乡村的复兴不仅仅是人口和功能的复兴，更是乡村文化的复兴。当今法国的乡村文化首先是基于农耕文明、根植于乡村物质空间的；其次是"地方精神"的诠释，意在彰显地方的特性，使之拥有不同于城市等其他地域的特色。法国是传统农业大国，拥有悠久的农耕历史。法国乡村尤为注重地方特色的传承与彰显，尊重地方内在的固有特征，包括物质空间的特色、象征性的元素、地方的声誉与传统。不同乡村地域依托当地的特征资源逐渐建立起独有的文化意象，并成为经久不衰的魅力源泉。普罗旺斯地区便是文化意象构建的典范。乡间的薰衣草田、古罗马遗迹、中世纪村落，红土城传承至今的天然颜料制作工艺、梵高挚爱的阿尔小城和他笔下的向日葵，这些元素无不源于当地的自然、历史、文化资源，继而又融入这一地域图景从而构成"普罗旺斯"这一地区独有的乡村文化意象。因此，可以说，法国乡村地方文化的传承与彰显加速了乡村人口的回流和功能的复兴，而乡村功能的拓展又激发了乡村文化的复兴。[①]

7.乡村旅游是助推乡村建设的一股重要力量

乡村旅游不仅是一种旅游形式，更是保护和更新乡村社会和文化的有利方式。乡村旅游业在促进城乡交流、提振乡村经济与改善环境方面具有重要的作用。

比如在西班牙，乡村旅游对乡村发展做出了积极贡献。20世纪60年代初，旅游大国西班牙积极发展乡村旅游，对农场、庄园进行

---

① 李明烨，王红扬.论不同类型法国乡村的复兴路径与策略［J］.乡村规划建设，2017（1）.

规划建设，提供徒步旅游、骑马、滑翔、登山、漂流、参加农事活动等多种休闲项目，并举办各种形式的务农学校、自然学习班、培训班等，从而形成了真正意义上的大众化的乡村旅游。西班牙是欧洲除瑞士之外的山最多的国家，发展乡村旅游有着良好的自然条件。西班牙乡村旅游 1992 年以后快速发展，目前增长速度已经超过了海滨旅游，成为西班牙旅游中的重要组成部分。

西班牙学者将乡村旅游分为传统乡村旅游和现代乡村旅游两种。传统乡村旅游出现在工业革命以后，主要源于一些来自农村的城市居民以"回老家"度假的形式出现；现代乡村旅游是在 20 世纪 80 年代出现在农村区域的一种新型的旅游模式，尤其是在 20 世纪 90 年代以后迅速发展。现代乡村旅游者充分利用农村区域的优美景观、自然环境和建筑、文化等资源。现代乡村旅游对农村经济的贡献不仅仅表现在给当地增加了财政收入，创造了就业机会，同时还给当地衰弱的传统经济注入了新的活力。[①]

比如在法国，法国作为乡村旅游的发源地和成熟地，其历史可追溯到 1885 年。经历一个多世纪的探索后，法国已经形成一系列值得借鉴的经验。1955 年，法国议员欧贝尔创造性地提出"乡村旅游"这一概念，提议农业和旅游业共同发展，并通过国家和地区提供资金支持，改建乡村的住宿设施。例如，将马厩和仓库改造成便宜的旅馆，合理有效利用资源的同时又能为旅客带来浓厚乡土风味的住宿体验，更能吸引中低收入的家庭在周末进行短途旅行。法国乡村有规划整齐的农田和森林、鲜花点缀的乡村小屋、清新的空气、耳边萦绕着的乡间音乐以及浓厚的历史与文化积淀，法国乡村旅游为游客充分打造了一个梦幻般的田园生活和"乡"的体验，向全世界树立了典范。[②]

---

① 李丽娜.西班牙乡村旅游的发展及启示［J］.老区建设，2008（17）.

② 李晓莉，杨林美，麦振雄.乡村旅游可持续发展的动力机制：法国经验与启示［J］.旅游论坛，2018（6）.

第二章　我国传统乡村旅游发展概述

一、乡村旅游的概念与内涵

（一）乡村旅游

国内学者对乡村旅游的界定，最早始于杨旭（1992），他将乡村旅游的概念界定为"是以农业生物资源、农业经济资源、乡村社会资源所构成的立体景观为对象的旅游活动"[①]。马波（1995）、杜江和向萍（1999）、吴必虎（2001）、肖佑兴和明庆忠等（2001）、王云才（2001）、郭焕成（2006）等是国内较早对乡村旅游概念进行界定的学者。

杜江、向萍（1999）认为："乡村旅游是以乡野农村的风光和活动为吸引物，以都市居民为目标市场，以满足旅游者娱乐、求知和回归自然等方面需求为目的的一种旅游方式。"[②]

肖佑兴和明庆忠等（2001）认为："乡村旅游是指以乡村空间环境为依托，以乡村独特的生产形态、民俗风情、生活形式、乡村风光、乡村居所和乡村文化等为对象，利用城乡差异来规划设计和组合产品，集观光、游览、娱乐、休闲、度假和购物为一体的一种旅游形式。它具有乡土性、知识性、娱乐性、参与性、高效益性、低

---

①　杨旭.开发"乡村旅游"势在必行［J］.旅游学刊，1992，7（2）：38-41.

②　杜江，向萍.关于乡村旅游可持续发展的思考［J］.旅游学刊，1999（1）：15-18.

风险性以及能满足游客回归自然的需求性等特点。"①

2004 年，在贵州举办的乡村旅游国际论坛上，莅会的专家、学者在乡村旅游的内容方面形成了比较一致的看法，即"独具特色的乡村民俗民族文化是乡村旅游的灵魂，并以此提高其品位和丰富性；农民应成为乡村旅游的经营主体；应主要以城市居民为乡村旅游的目标市场，满足都市人享受田园风光、回归自然、体验民俗的愿望"②。

郭焕成（2006）认为："乡村旅游是指在乡村地域内，利用乡村自然环境、田园景观、农村牧渔业生产、农耕文化、民俗文化、古镇村落、农家生活等资源条件，通过科学规划、开发与设计，为城市人们提供观光、休闲、度假、体验、娱乐、健身的一种新的旅游经营活动。它既包括乡村农业观光旅游，又包括乡村民俗文化旅游、休闲度假旅游、民俗旅游、自然生态旅游等多方面，是一项区别于城市旅游，具有地域性、乡土性和综合性的新型旅游业。"③

金颖若、周玲强（2011）提出："乡村旅游是发生在乡村社区的，以乡村自然景观和乡村人文现象为吸引物的，主要由当地居民经营的，不过多依赖专用服务设施的旅游活动。"④

世界旅游组织在《旅游业可持续发展——地方旅游规划指南》中对乡村旅游的界定是："旅游者在乡村（通常是偏远地区的传统乡村）及其附近逗留、学习、体验乡村生活模式的活动。该村庄也可以作为旅游者探索附近地区的基地。"

林刚、石培基（2006）运用内容分析法，对中外当代近 15 年（1991—2006 年）内的 20 个有影响力的乡村旅游概念进行定量分析，归纳出乡村旅游概念架构所包含的 6 个标准，即界定乡村旅游

---

① 肖佑兴，明庆忠，李松志.论乡村旅游的概念和类型［J］.旅游科学，2001（1）：8-10.

② 付方东.乡村旅游对我国新农村建设的双重作用［J］.农村经济与科技，2006（1）：83-84.

③ 郭焕成.发展乡村旅游业，支援新农村建设［J］.旅游学刊，2006，21（3）：6-7.

④ 金颖若，周玲强.东西部比较视野下的乡村旅游发展研究［M］.北京：中国社会科学出版社，2011.

的 6 个标准：乡村地域为依托、乡村田园风情为吸引、农业生产活动为吸引、民俗文化为吸引、农家生活体验为吸引、休闲观光游览度假活动。在以上标准的基础上，认为乡村旅游是指发生在乡村地域，以乡村田园风情、农业生产活动、农家生活和民俗文化等自然和人文景观为旅游吸引物的休闲、观光、游览及度假活动。[1]

中国官方对乡村旅游概念的界定是：乡村旅游是以农业生产、农民生活、农村风貌以及人文遗迹、民俗风情为旅游吸引物，以城市居民为主要客源市场，以满足旅游者乡村观光、度假、休闲等需求的旅游产业形态。[2]

（二）乡村旅游的相关概念

与乡村旅游概念最为接近、使用时经常混淆不清的是休闲农业。休闲农业在我国称为乡村旅游、观光农业、旅游农业、田园农业、观光休闲农业、旅游生态农业、农业旅游等。对于休闲农业的概念，国内外学者对其的定义可谓是林林总总。范水生、朱朝枝（2011）在分析国内外不同学者对休闲农业的界定基础上，将休闲农业定义为：休闲农业是以农业、农村和农民为背景，利用农业资源、农业景观和农村环境，以农林牧副渔生产和农村文化生活为依托，以休闲农场为载体，增进人们对农业及农村体验为目的，具有生产、生活、生态"三生一体"和一、二、三产业功能特性的新型产业形态。[3]《农业部、国家旅游局关于开展全国休闲农业与乡村旅游示范县和全国休闲农业示范点创建活动的意见》中对休闲农业的界定是：休闲农业是以促进农民就业增收和社会主义新农村建设为重要目标，横跨农村一二三产业，融合生产、生活和生态功能，紧密联结农业、

---

[1] 林刚，石培基.关于乡村旅游概念的认识——基于对20个乡村旅游概念的定量分析 [J]. 开发研究，2006（6）：72-74.

[2] 农业部、国家旅游局关于开展全国休闲农业与乡村旅游示范县和全国休闲农业示范点创建活动的意见 [Z].农企发〔2010〕2号，2010-08-03.

[3] 范水生，朱朝枝.休闲农业的概念与内涵原探 [J].东南学术，2011（2）：72-78.

农产品加工业和服务业的新型农业产业形态。①

在我国，"农业旅游"概念的正式提出是 2001 年。②2001 年，国家旅游局把推进工业旅游、农业旅游列为当年的旅游工作要点。在《全国农业旅游示范点、工业旅游示范点检查标准（试行）》中，对农业旅游点的界定是"农业旅游点是指以农业生产过程、农村风貌、农民劳动生活场景为主要旅游吸引物的旅游点"。2002 年，国家旅游局颁发《全国工农业旅游示范点检查标准（试行）》，里面称：所谓农业旅游，是指以农业生产过程、农村风貌、农民劳动生活场景为主要吸引物的旅游活动。另外，根据王德刚的研究，农业旅游开发的模式主要包括：田园休闲旅游模式；传统农耕文化观光与休闲旅游模式；农事体验旅游模式；自助购物旅游模式；现代科技农业观光与科普旅游模式。③

二、我国传统乡村旅游概述

（一）我国乡村旅游发展历程

作为一种休闲活动的乡村旅游在中国有着悠久的历史。古代文人多有回归田园、寄情山水的雅致。唐代著名诗人孟浩然的《过故人庄》里有云："故人具鸡黍，邀我至田家。绿树村边合，青山郭外斜。"这首诗描绘的意境与现今提倡的"吃农家饭、住农家屋、享农家乐"乡村旅游颇为相似。在晋宋时期诗人陶渊明《归园田居五首》里面，田园乡村是充满着诗情画意的理想洞天，回归田园生活给他带来了由衷的喜悦和无限的新鲜感受。陶渊明的田园休闲情结一直是中国古代文人艳羡和效仿的对象。特别是魏晋之后的唐宋时期，

---

① 农业部、国家旅游局关于开展全国休闲农业与乡村旅游示范县和全国休闲农业示范点创建活动的意见［Z］农企发〔2010〕2 号，2010-08-03.

② 刘德谦.关于乡村旅游、农业旅游与民俗旅游的几点辨析［J］.旅游学刊，2006，21（3）：12-19.

③ 王德刚.旅游开发学（第二版）［M］.济南：山东大学出版社，2007.

文人到乡村休闲和旅游蔚然成风，留下了一首首脍炙人口的描写乡村田园生活和乡野体验的诗词歌赋。这些文学作品成为现代人了解古人乡村休闲的直接载体，更成为当代人追求田园乡野生活的精神追求。

我国现代乡村旅游的发展开始于 20 世纪 80 年代。中国乡村旅游网 2014 年 1 月 28 日的一篇论文《市场观察：大发展阶段的乡村旅游特征》提出："20 世纪 80 年代中期以来，乡村旅游经历了个体自发发展、以旅游扶贫为目的的推动发展、以贯彻农业旅游标准为示范的引导发展、以推动实现小康为牵引的提升发展四个阶段，如今进入了普及度高、成长性好、辐射面广、升级提质快的大发展时代。20 年间，中国乡村旅游的名称、内涵、动力多有变化，以相关名称为例，就有旅游扶贫、农家乐、三农旅游、农业旅游示范点、观光农业、休闲农业、高新农业、乡村休闲等，发展方式、参与主体、取得成效等也有很多变化。"[1]

我国乡村旅游的发展历程，大体上可分为 20 世纪 80—90 年代前期的萌芽与初步发展阶段、20 世纪 90 年代中期至 2006 年之间的快速发展阶段、2007 年之后的转型升级三个时期。中国的乡村旅游在这期间走过了"农家乐—乡村休闲—乡村度假（乡村生活）"的发展轨迹，先后形成了农家乐、休闲农庄、休闲农业园区、农业科技生态园、民俗村、国际乡村驿站、乡村酒店、度假山吧、"洋家乐"等类型多样、特色众多的发展模式和类型，培育了像北京的农业嘉年华、成都的"五朵金花"、江西婺源和广西罗平的油菜花节、浙江余姚的杨梅节、安徽的美好乡村体验游、宁夏的果林品鉴观光产业带、张家界的荷花节等一大批乡村旅游知名品牌，涌现出了"浙江模式"、四川的"郫县模式"、贵州的"千户苗寨模式"、河南的"重渡沟模式"、中国台湾的"民宿模式"等各具特色的乡村旅游发

---

① 市场观察：大发展阶段的乡村旅游特征, http://www.crttrip.com/news/html/？2977.html.

展模式。

　　"农家乐"是这个时期（20世纪80年代初至90年代中期）乡村旅游的主要业态。这一时期，乡村旅游的发展基本上处于自主发展阶段，主要是依托城市周边地区与旅游景区来发展，分布比较分散而且零星。四川是"中国农家乐旅游发源地"。郫县农科村是成都最早的农家乐诞生地，中国的第一家农家乐就是成都市农科村的徐家大院。农科村在1982年前是一个只有280人、300亩（1亩≈667m²）地的生产队（自然村）。1982年后，农科村的一些有园艺绿化经验的农民开始在自己承包的土地上进行苗木种植，取得了比种植庄稼好得多的经济收益，吸引了苗木客商经常到农科村现场收购苗木，这些客商经常一年要往来多回，而且一住就是10多天，他们临走时多主动提出留下一些钱给村里的农户。农科村的苗木种植规模越来越大，以至于整个村子成了一个生态优美、四季飘香、生机盎然的生态村落，不觉之间引来了越来越多的游客。这种旅游休闲形式被当地人称之为"农家乐"，并得到了四川省乃至国家领导人的关注。①1996年9月17日，胡锦涛同志到农科村视察，高度评价了农科村发展的先进经验，赞扬"农家乐"为农民开辟了一条致富新路。2003年4月，农科村被评为国家级"农业旅游示范点"。2006年4月12日，国家旅游局在四川省成都市举办了"首届中国乡村旅游节"，在旅游节开幕式上正式将"中国农家乐旅游发源地"的称号授予了成都。2012年，农科村又被授予国家4A级旅游景区称号。②

　　1995年，《国务院关于修改〈国务院关于职工工作时间的规定〉的决定》发布，自当年5月1日起实行5天工作制（职工每日工作8小时，每周工作40小时）。这使得人们有了更多的闲暇时间去进

---

　　① 农科村.农家乐发源的地方，农民日报2013-06-27，http：//www.farmer.com.cn/tppd/mlxc/201306/ t20130627_859419.htm.

　　② 毕春梅.成都乡村旅游的智慧化发展研究［D］.西华大学，2014.

行休闲和短途旅游，对乡村旅游的快速发展起到了很大的助推作用。与乡村旅游发展密切相关的相应配套的旅游服务和旅游项目成为建设的重点。20世纪90年代中期至2006年，我国乡村旅游发展十分迅猛，规模越来越大，业态越来越多样。2004年、2005年，国家旅游局在全国范围内评选出359个农业旅游示范点，遍布全国31个省区市，覆盖了农、林、牧、副、渔及等农业、农村相关领域。以北京市为例，根据北京市农委、北京观光休闲农业行业协会与北京市旅游局的调查统计，2006年年底，全市具有一定规模和水平的观光农业园区有1100个，占地45万亩，获得总收入22亿元；共有12个区县的321个村开展休闲农业与乡村旅游接待工作，其中市一级的民俗旅游村有110个，占现有民俗村的34%；民俗旅游户已发展到1.7万户，其中市级民俗旅游接待户8726户，占现有民俗旅游接待户的41%；从事乡村旅游接待的游客人数近1500万人次，总收入12亿元。[1]乡村旅游产品形态日益多样化，有"国际驿站，生态渔村，休闲农庄，采摘篱园，山水人家，养生山吧，乡村酒店，民族风苑，古村聚落，创意产业等产品形态"。[2]一些有代表性的古镇、古村落成为游客回归心灵家园的理想之地，安徽西递—宏村、湖南凤凰古城、江西婺源等乡村旅游景区成为引领中国乡村旅游新潮流和新风尚的优秀景区。这一年热播的电视剧《刘老根》也是对这一现象的艺术化呈现。

2007年以来，乡村度假日益成为乡村旅游的主体。把一个村子当作一个景区、度假区或者精品的乡村度假酒店来进行建设是这个时期的突出特点。乡村旅游整体上呈现出"数量提高、质量提升"的良好态势，涌现出了许多产业特色突出、村容景致独特、乡风文明和谐的魅力乡村和农耕文明悠久、乡村文化浓郁、民俗风情多彩、自然环境优美的美丽田园，大量的农区变为"景区"、田园变"公

---

① http：//www.crr.gov.cn，2007-10-12.

② http：//www.crttrip.com/news/html/？2977.html.

园"、农产品变旅游商品，乡村旅游日益成为农民致富、农业提升、乡村美化的主要途径。据统计，2016 年，全国休闲农业和乡村旅游业共接待游客近 21 亿人次，营业收入超过 5700 亿元，从业人员 845 万，带动 672 万户农民增收。[①] 2018 年，休闲农业和乡村旅游接待游客 30 亿人次、营业收入超过 8000 亿元。[②]

当前的乡村旅游正在由最初的农家乐、采摘园为主转变为更精致、更时尚、体验性更强的乡村休闲和乡村生活业态，从一般的基本系列服务转变为"互联网＋服务理念"，乡村旅游发展的主体从政府主导或村民自发转变为企业、创客、艺术家、新农人、小资的文艺群体、下乡大学生等群体。

浙江省是乡村旅游发展的先进省份之一，涌现了"湖州模式""乌镇模式""横店模式"等众多乡村旅游发展典型，俨然成为全国乡村旅游发展的先行区、示范区和集聚区，发展势头十分强劲。目前，浙江省拥有全国休闲农业与乡村旅游示范县 24 个，中国重要农业文化遗产 8 个，中国美丽休闲乡村 36 个。[③] 浙江全省已经形成了一大批各具特色、业态各异的乡村旅游精品，包括以农（渔）家乐休闲旅游和休闲观光农业为主体，古镇古村文化休闲旅游和新农村特色旅游为两翼，乡村生态度假养生旅游为补充的乡村旅游产品供给体系；形成了杭州农夫乐园、瑞安市金潮港观光农场、乐清市四都清平乐休闲观光农业示范园区、吴兴区浙江绿叶生态园为代表的休闲观光农业基地；以杭州梅家坞、桐乡乌镇等为代表的古镇古村文化休闲旅游基地；以奉化滕头、长兴顾渚村、遂昌茶树坪村等为代表的农家乐休闲旅游和生态度假养生旅游基地；以德清三九坞、法国山居等为代表的"洋家乐"基地，以余杭琵琶湾、南浔荻港、

---

① 中国休闲农业和乡村旅游之发展现状（2017 版），http://www.sohu.com/a/143989614_335546.

② 农业农村部部长韩长赋.关于乡村产业发展情况的报告，2019-04-21.

③ http://www.askci.com/news/chanye/20190313/1615351143157.shtml 来源：中商产业研究院.

舟山白沙岛等为代表的渔家乐基地等。[①] 其中，德清县发挥莫干山品牌优势，积极发展集本地特色和国外文化为一体的"洋家乐"新兴业态，由英、法等十多个国家外籍人士投资建成，深受国内外高端客户的青睐。与传统的农家乐相比，德清县莫干山"洋家乐"倡导慢生活和心体验，注重细节，大多都是精心设计和装修精致，更能满足游客的精神需求和品质生活需求。莫干山镇成了名副其实的"洋家乐"集聚区。截至 2017 年 5 月底，该镇已经发展 550 多家民宿，其中当家花旦"裸心谷"拿下了中国最佳建筑酒店奖和亚太地区最佳建筑酒店奖等诸多大奖，而莫干山镇也被美国有线电视新闻网称为除了长城之外 15 个你必须要去的中国特色地方之一，被《纽约时报》评选为全球最值得去的 45 个地方之一。[②]

（二）我国政府对乡村旅游发展的持续支持

伴随着中国城镇化的日益加速，党和政府对乡村旅游发展越来越重视，支持的力度越来越大。

1998 年，国家旅游局确定当年全国的旅游活动主题为"华夏城乡游"，体验乡村生活方式与感受乡土文化成为当年中国旅游者的重要选项。

1999 年是"生态旅游年"，国家旅游局提出在旅游业中要充分利用和保护乡村生态环境，在乡村地区要大力开展农业生态旅游。

2001 年，推进农业旅游发展工作被国家旅游局列为当年旅游工作要点，并在对山东、江苏、浙江等省调研的基础上，制定了《农业旅游发展指导规范》。在 2001 年年底，国家旅游局公布了首批农业旅游示范点候选名单。

---

① 浙江省旅游局. 浙江省乡村旅游发展情况，http://tourzj.gov.cn/ShowNew.aspx？id=41471&type=59&href= fgAvAHoAdwBnAGsALwBsAGkAcwB0AGIAbQB3QB3AGoALgBhAHMAcAB4AA%3d%3d.

② 浙江德清县莫干山镇——洋家乐的腾飞. 旅游世界，8 月刊，http://wemedia.ifeng.com/75000569/wemedia.shtml.

2002 年年初,《全国农业旅游示范点检查标准(试行)》被国家旅游局正式发布实施,这为提高中国农业旅游产品的规范化、专业化和市场化水平,支持创建全国农业旅游示范点,提供了政策依据与制度规范。

2005 年,在江西南昌召开的全国旅游工作会议提出,"要把推进发展红色旅游及推进工农业旅游向广度和深度进军这两项重点工作突出抓好,争取开创出更好的工作局面"。

2006 年,"中国乡村旅游"成为国家旅游局确定的当年全国旅游的主题,"新农村、新旅游、新体验、新风尚"是宣传口号。2006 年 7 月,全国旅游工作座谈会议在湖北武汉召开,在会上形成了"关于促进农村旅游发展的指导意见",国家旅游局局长邵琪伟特别强调指出,中国农村地域辽阔,"蕴藏着丰富的旅游资源,发展农村旅游是我国旅游产业向纵深发展的必然要求",是推进社会主义新农村建设的有效途径之一。

2007 年,国务院出台的中央"一号文件"着重指出:"特别要重视发展园艺业、特种养殖业和乡村旅游业。""中国和谐城乡游"成为 2007 年旅游活动的主题,宣传口号是"魅力乡村、活力城市、和谐中国"。2007 年 3 月,国家旅游局联合农业部下发《关于大力推进全国乡村旅游发展的通知》,要求充分发挥农业和旅游两个行业的优势,统筹安排,加强服务,因地制宜,分类指导,通过开展"百千万工程"建设,加快传统农业转型升级,进一步推动乡村旅游发展。2007 年 12 月,农业部和国家旅游局共同主办的"中国休闲农业网(中国乡村旅游网 www.crr.gov.cn)"正式开通,为更好地宣传乡村旅游、促进乡村旅游、提升乡村旅游、促进乡村旅游与观光休闲农业的全面结合搭建了有力的网络平台,为休闲农业与乡村旅游的提供者和消费者提供了便利条件和网络交流平台。

2008 年,农业部明确由乡镇企业局负责休闲农业工作,并在农业部农村社会事业发展中心专门成立了休闲农业处,作为拟订休闲农业、旅游农业等农村二、三产业发展政策、规划和有关标准并组织实施的专门机构。

2009 年 12 月，乡村旅游的"富民"作用在国家层面得到进一步重视，这在《国务院关于加快发展旅游业的意见》（国发〔2009〕41 号）里得到体现："实施乡村旅游富民工程。开展各具特色的农业观光和体验性旅游活动。在妥善保护自然生态、原居环境和历史文化遗存的前提下，合理利用民族村寨、古村古镇，建设特色景观旅游村镇，规范发展'农家乐'、休闲农庄等旅游产品。"

2010 年，《中共中央、国务院关于加大统筹城乡发展力度 进一步夯实农业农村发展基础的若干意见》专门强调："要积极发展休闲农业、乡村旅游。"也是在这一年，"中国乡村游"被国家旅游局再次确定为年度旅游主题，主题口号是"回归自然，休闲度假"。

2013 年 5 月 19 日，中共中央政治局委员、国务院副总理汪洋在河南省栾川县重渡沟景区调研乡村旅游工作时强调，要做好乡村旅游业这篇文章，开发更多特色旅游商品，满足人民群众日益增长的旅游消费需求。2013 年年底，中央城镇化工作会议在北京举行，会议提出城镇建设"要体现尊重自然、顺应自然、天人合一的理念，依托现有山水脉络等独特风光，让城市融入大自然，让居民望得见山、看得见水、记得住乡愁""要注意保留村庄原始风貌，慎砍树、不填湖、少拆房"，从此"看得见山、望得见水、记得住乡愁"成为乡村旅游开发的坐标系。

2014 年，中共中央、国务院下发的《关于全面深化农村改革加快推进农业现代化的若干意见》和《关于创新机制扎实推进农村扶贫开发工作的意见》两个关于农村工作的重要文件，都在促进乡村旅游发展，引领乡村经济结构转型、推动乡村经济发展等方面，给出了具体部署，明确了发展目标。2014 年 8 月，国务院发布的《关于促进旅游业改革发展的若干意见》中，把乡村旅游列为大众旅游和国民休闲的重要领域，出台了一系列鼓励和引领的举措，明确指出要"坚持融合发展，推动旅游业发展与新型工业化、信息化、城镇化和农业现代化相结合，实现经济效益、社会效益和生态效益相统一"；"大力发展乡村旅游。依托当地区位条件、资源特色和市场需求，挖掘文化内涵，发挥生态优势，突出乡村特点，开发一批形式多样、特色鲜明的乡村旅游产品。推动乡村旅游与新型城镇化有机结合，合理利用民族村寨、古村古镇，发展有历史记忆、地域特色、民族特点的旅游小镇，建设一批特色景观旅游名镇名村。加强规划引导，提高组织化程度，规范乡村旅游开发建设，保持传统乡村风貌。加强乡村旅游精准扶贫，扎实推进乡村旅游富民工程，带动贫困地区脱贫致富。统筹利用惠农资金加强卫生、环保、道路等基础设施建设，完善乡村旅游服务体系。加强乡村旅游从业人员培训，鼓励旅游专业毕业生、专业志愿者、艺术和科技工作者驻村帮扶，为乡村旅游发展提供智力支持"。

2015年5月19日是第五个中国旅游日，国务院副总理汪洋在湖北恩施调研旅游扶贫工作时强调，乡村旅游是基层和群众的创造，旅游扶贫是贫困地区扶贫攻坚的有效方式，是贫困群众脱贫致富的重要渠道。要着力推进生态保护、旅游开发、扶贫攻坚有机结合，加大对贫困人口参与旅游经营服务的扶持力度，让他们分享旅游资源开发和旅游产业发展红利，将绿水青山变为群众脱贫致富的金山银山。[①]2015年5月26日，一则由《人民日报》微信公众号发布的《习近平第14次到舟山：美丽中国要靠美丽乡村打基础》的新闻引起广泛关注，习近平总书记对浙江舟山乡村旅游的"点赞"以及提出的"绿水青山就是金山银山"愿景无疑会在今后一段时期内对乡村旅游发展起到很大的促进作用。2015年8月，《国务院办公厅关于进一步促进旅游投资和消费的若干意见》（国办发〔2015〕62号）出台，里面专门提出实施"乡村旅游提升计划"，包括"坚持

---

① 大力发展乡村旅游扶贫，促进贫困群众脱贫致富，中央政府门户网站，www.gov.cn 2015–05–19.

乡村旅游个性化、特色化发展方向；完善休闲农业和乡村旅游配套设施；开展百万乡村旅游创客行动；大力推进乡村旅游扶贫"①等具体措施。

2016年9月，农业部会同发展改革委、财政部等14部门联合印发了《关于大力发展休闲农业的指导意见》，提出要"坚持农耕文化为魂，美丽田园为韵，生态农业为基，传统村落为形，创新创造为径，加强统筹规划，强化规范管理，创新工作机制，优化发展政策，加大公共服务，整合项目资源，推进农业与旅游、教育、文化、健康养老等产业深度融合，大力提升休闲农业发展水平，着力将休闲农业产业培育成为繁荣农村、富裕农民的新兴支柱产业，为城乡居民提供'望得见山、看得见水、记得住乡愁'的高品质休闲旅游体验"。

2015—2016年，国家对于旅游业用地一系列政策的出台，对乡村旅游发展意义重大。2015年年底，国土资源部、住房和城乡建设部、国家旅游局等联合出台《关于支持旅游业发展用地政策的意见》，规定"在符合土地利用总体规划、县域乡村建设规划、乡和村庄规划、风景名胜区规划等相关规划的前提下，农村集体经济组织可以依法使用建设用地自办或以土地使用权入股、联营等方式与其他单位和个人共同举办住宿、餐饮、停车场等旅游接待服务企业。依据各省、自治区、直辖市制定的管理办法，城镇和乡村居民可以利用自有住宅或者其他条件依法从事旅游经营。农村集体经济组织以外的单位和个人，可依法通过承包经营流转的方式，使用农民集体所有的农用地、未利用地，从事与旅游相关的种植业、林业、畜牧业和渔业生产。支持通过开展城乡建设用地增减挂钩试点，优化农村建设用地布局，建设旅游设施"。2016年6月，农业部印发《农村土地经营权流转交易市场运行规范（试行）》，规定"农村集体经

---

① 国务院办公厅关于进一步促进旅游投资和消费的若干意见［Z］.（国办发〔2015〕62号）.

济组织、承包农户、家庭农场、专业大户、农民专业合作社、农业企业等各类农业经营主体，以及具备农业生产经营能力的其他组织或个人均可以依法在农村土地经营权流转交易市场进行交易"。特色小镇是中国经济发展战略层面的若干重大关键词之一。上面这些政策的出台，既为乡村旅游发展的用地进行政策配套和护航，又有利于破解难题保证乡村旅游的持续发展。

2016 年 10 月至 2017 年 1 月，国家又密集出台《关于加快美丽特色小（城）镇建设的指导意见》（发改规划〔2016〕2125 号）、《关于进一步扩大旅游文化体育健康养老教育培训等领域消费的意见》（国办发〔2016〕85 号）、《关于支持返乡下乡人员创业创新促进农村一二三产业融合发展的意见》《全国农产品加工业与农村一二三产业融合发展规划（2016—2020 年）》《全国农村经济发展"十三五"规划》《关于实施旅游休闲重大工程的通知》（发改社会〔2016〕2550 号）、《"十三五"旅游业发展规划》《中共中央、国务院关于深入推进农业供给侧结构性改革加快培育农业农村发展新动能的若干意见》（2017 年中央 1 号文件）等政策文件，为乡村旅游发展提供了更广阔的空间和舞台。其中，2016 年 12 月国务院印发的《"十三五"旅游业发展规划》专门规定："坚持个性化、特色化、市场化发展方向，加大乡村旅游规划指导、市场推广和人才培训力度，促进乡村旅游健康发展。建立乡村旅游重点村名录，开展乡村旅游环境整治，推进'厕所革命'向乡村旅游延伸。实施乡村旅游后备箱行动，推动农副土特产品通过旅游渠道销售，增加农民收入。实施乡村旅游创客行动计划，支持旅游志愿者、艺术和科技工作者驻村帮扶、创业就业，推出一批乡村旅游创客基地和以乡情教育为特色的研学旅行示范基地。创新乡村旅游组织方式，推广乡村旅游合作社模式，使亿万农民通过乡村旅游受益。"

实施乡村振兴战略，是党的十九大作出的重大决策部署，是决胜全面建成小康社会、全面建设社会主义现代化国家的重大历史任务，是新时代"三农"工作的总抓手，"是解决人民日益增长的美好生活需要和不平衡不充分的发展之间矛盾的必然要求，是实现'两个一百年'奋斗目标的必然要求，是实现全体人民共同富裕的必然要求"。①《中共中央、国务院关于实施乡村振兴战略的意见》（2018年1月2日）明确提出："实施休闲农业和乡村旅游精品工程，建设一批设施完备、功能多样的休闲观光园区、森林人家、康养基地、乡村民宿、特色小镇。对利用闲置农房发展民宿、养老等项目，研究出台消防、特种行业经营等领域便利市场准入、加强事中事后监管的管理办法。发展乡村共享经济、创意农业、特色文化产业。"为深入贯彻落实《中共中央 国务院关于实施乡村振兴战略的意见》（中发〔2018〕1号）和《乡村振兴战略规划（2018—2022年）》文件精神，实施乡村旅游精品工程，培育农村发展新动能，促进乡村旅游可持续发展，2018年11月，文化和旅游部会同有关部门共同研究制定了《关于促进乡村旅游可持续发展的指导意见》。其指导思想是："按照产业兴旺、生态宜居、乡风文明、治理有效、生活富裕的总要求，从农村实际和旅游市场需求出发，强化规划引领，完善乡村基础设施建设，优化乡村旅游环境，丰富乡村旅游产品，促进乡村旅游向市场化、产业化方向发展，全面提升乡村旅游的发展质量和综合效益，为实现我国乡村全面振兴作出重要贡献。"

2018年12月11日，文化和旅游部公布17部门印发的《关于促进乡村旅游可持续发展的指导意见》提出：要充分利用农村土地、闲置宅基地、闲置农房等资源，开发建设乡村民宿、养老等项目；要依托当地自然和文化资源禀赋发展特色民宿，在文化传承和创意设计上实现提升，完善行业标准、提高服务水平、探索精准营销，避免盲目跟风和低端复制，引进多元投资主体，促进乡村民宿多样化、个性化、专业化发展。

---

① 中共中央、国务院关于实施乡村振兴战略的意见［Z］.（2018年1月2日）.

2019 年 3 月 22 日，经国务院批准，2019 年劳动节放假安排调整为 2019 年 5 月 1 日至 4 日，共 4 天。这样的假期安排，对乡村旅游发展可谓是重大利好。五一劳动节前后，正是春夏相交、气候宜人之际，非常适合外出旅游休闲，也是进行乡村旅游的最好时间。调整为 4 日之后，有利于方便大众游客有较为充分的时间到乡村休闲，极大地提升了人民群众的获得感和幸福感。这对于盘活农村经济、搞活搞大乡村旅游、增加农民收入，都有着不小的推动作用。

三、我国传统乡村旅游发展模式

根据不同的分类标准，乡村旅游可以分为不同的类型。例如，如果从游客的角度来分，可以分为观光型、休闲型、度假型、体验型、求知型、购物型、综合型七种乡村旅游发展类型。比较流行的是按照乡村旅游的发展形态来进行分类。我国传统乡村旅游发展的主要发展模式见下表：

我国传统乡村旅游的主要发展模式及其典型代表

模式	典型代表
农家乐	"农家乐"通俗地讲，就是"吃农家菜，住农家院，干农家活，享农家乐"。典型代表有四川成都郊区的农家乐、北京郊区的民俗户、贵州郎德上寨的民俗风情农家乐、广西阳朔特色农家乐等
农业科普教育	是一种"高科技+农业+观光"的旅游活动。典型代表有北京的锦绣大地、陕西杨凌全国农业科技观光园、珠海的高科技农业观光园等、山东寿光生态农业博览园
乡村休闲度假旅游	有休闲度假村、休闲农庄、乡村酒店等。典型代表有广州梅州雁南飞茶田度假村、湖北武汉谦森岛庄园、四川郫县友爱镇农科乡村酒店
乡村聚落（村落乡镇）旅游	主要类型有古民居和古宅院游、古镇古村落游、新村风貌游、民族村寨游。典型代表有安徽的宏村和西递、贵州黔东南的民族村寨、河南南街村等、山西王家大院和乔家大院、福建闽南土楼、江苏华西村等
田园农业旅游	包括农业绝境胜景游、林果游、花卉游、渔业游、牧业游、农业科技游、农业体验游等。典型代表有桂林的龙胜梯田游、云南的元阳梯田游等
民俗风情旅游	包括农耕文化游、民俗文化游、乡土文化游、民族文化游等。典型代表有贵州苗族民族村寨、山东日照任家台民俗村、新疆吐鲁番坎儿井民俗园

续表

模式	典型代表
乡村生态旅游	主要类型包括森林公园、湿地公园、露宿营地、自然保护区等。典型代表有北京乡村高尔夫俱乐部
洋家乐	"洋家乐"由外国人首创,在浙江省德清县莫干山一带率先兴起

作为"中国农家乐旅游发源地",四川省成都市的乡村旅游发展一直以来受到较多的关注,并形成了 4 种成功的发展模式,见下表。①

四川省成都市乡村旅游主要发展模式

发展模式	典型及主要特征
村落式乡村旅游集群发展模式	以成都市锦江区三圣花乡"五朵金花"为典型。创造性地打造了花乡农居、幸福梅林、江家菜地、东篱菊园、荷塘月色"五朵金花",形成一户一景、户户不同的集群式发展模式,并结合各个村落农业产业特色以品牌塑造形象,形成"一村一品"
园林式特色农业产业依托模式	以郫县友爱镇农科村乡村旅游发展为典型。农科村农户利用自家川派盆景、苗圃的优势,依托花卉苗木农业产业特色,形成"一户一品,一品一景"的特色花卉种植专业村
庭院式休闲度假景区依托模式	以青城后山的农家乐乡村旅游发展为典型。在原有农家庭院的基础上进行建筑单体改造和基础设施完善,一个个农家小院依山傍水而建,餐饮住宿、休闲度假、娱乐度假等功能齐全,逐步走向投资小、回报快、价格低,具有中国农家特色的乡村酒店发展之路
古街式民俗观光旅游小城镇模式	以客家洛带古镇为典型。洛带镇把古镇分为四个片区:核心保护区、客家创业区、西部客家生态园和中国龙文化公园。在核心保护区,以清代风格为主,通过青石板路、大红灯笼、商号、平房木楼等元素营造古香古色、整体亮丽的古镇氛围。同时开展观花、摘果、尝果等体验型旅游活动,吸引客源带动全区旅游发展,增加旅游小城镇的体验元素和文化魅力

资料来源:山合水易研究中心.以成都乡村旅游为例谈中国乡村旅游市场及 4 大发展模式,http://www.shsee.com/wc/11542.html.

进入 21 世纪以来,旅游业在国民经济中的地位越来越重要,日益成为国民经济的战略性支柱产业和人民群众更加满意的现代服务业,全民休闲时代已经来临。根据 2013 年 2 月国务院办公厅颁

---

① 山合水易研究中心.以成都乡村旅游为例谈中国乡村旅游市场及 4 大发展模式,http://www.shsee.com/wc/11542.html.

布实施《国民旅游休闲纲要（2013—2020 年）》，到 2020 年中国将基本建成与小康社会相适应的现代国民旅游休闲体系，"职工带薪年休假制度基本得到落实，城乡居民旅游休闲消费水平大幅增长，健康、文明、环保的旅游休闲理念成为全社会的共识，国民旅游休闲质量显著提高"。近年来，中国的旅游业取得了突飞猛进的发展，旅游产品类型日益丰富，国内旅游环境愈加优化，旅游基础设施愈发完善，邮轮、游艇、房车、露营等旅游新业态层出不穷，国内旅游、入境旅游、出境旅游三大市场全面繁荣，旅游成为人民大众日常消费的常态和提升生活质量的重要途径。2017年，我国旅游业综合贡献 8.77 万亿元，对国民经济的综合贡献达11.04%，国内旅游、入境旅游、出境旅游三大旅游市场持续健康增长，连续多年保持世界第一大出境旅游客源国和全球第四大入境旅游接待国地位，旅游业基本形成战略性支柱产业。"旅游业已基本实现了休闲化、大众化和社会化，成为人们的一种普遍生活方式和基本权利。"[①] 国家旅游局于 2016 年 5 月发布的《中国旅游发展报告 2016》指出，中国已步入大众旅游时代，成为世界上拥有国内游客数量最多的国家，"国内旅游从小众市场向大众化转变，已拥有全世界最大的国内旅游消费市场。国际旅游从单一入境游发展成为出入境旅游并重格局，出境旅游市场更加活跃、发展空间潜力巨大"。

中国特色社会主义进入了新时代，这是党的十九大报告提出的中国发展新的历史方位。在中国特色社会主义的新时代，我国社会主要矛盾发生了历史性变化，"我国社会主要矛盾已经转化为人民日益增长的美好生活需要和不平衡不充分的发展之间的矛盾"。在2018 年 1 月 8 日的全国旅游工作会议上，国家旅游局局长李金早（现任文化和旅游部副部长）提出，人民对旅游美好生活的向往，引

---

① 中国快步迈向"旅游社会"，http：//www.cnta.gov.cn/xxfb/hydt/201602/t20160229_761759.
shtml.

领旅游业解决当前存在的不平衡、不充分发展问题。旅游正面临从高速增长转向优质发展的关键节点，旅游发展亟须从注重速度与规模，转向注重品质与质量，要奋力迈向我国优质旅游发展新时代。于是，如何发展优质旅游，如何提升旅游服务质量，实现更优质的发展，就成为新时代我国乡村旅游发展的关键问题。

第三章 "新乡建"下乡村旅游的主要发展模式

一、"新乡建"下乡村旅游的发展理念

（一）道法自然，绿水青山就是金山银山

老子是春秋末期人。老子是道家学派的创始人，他的《道德经》是道家文化的奠基之作。以《道德经》为主要载体的老子思想，在中华思想文化史上具有极其重要的历史地位，对新时代坚定文化自信和推动社会主义文化繁荣兴盛有着非常重要的价值和作用。老子思想中的"道法自然"等内容，对于新时代我国乡村旅游发展有着极为重要的借鉴意义。

中国共产党十八大报告提出："建设生态文明，是关系人民福祉、关乎民族未来的长远大计。面对资源约束趋紧、环境污染严重、生态系统退化的严峻形势，必须树立尊重自然、顺应自然、保护自然的生态文明理念，把生态文明建设放在突出地位。"中国共产党十九大报告提出："人与自然是生命共同体，人类必须尊重自然、顺应自然、保护自然。人类只有遵循自然规律才能有效防止在开发利用自然上走弯路，人类对大自然的伤害最终会伤及人类自身，这是无法抗拒的规律"，"必须树立和践行绿水青山就是金山银山的理念，坚持节约资源和保护环境的基本国策，像对待生命一样对待生态环

境，统筹山水林田湖草系统治理，实行最严格的生态环境保护制度，形成绿色发展方式和生活方式，坚定走生产发展、生活富裕、生态良好的文明发展道路，建设美丽中国，为人民创造良好生产生活环境，为全球生态安全做出贡献"。这些尊重自然、顺应自然、保护自然、人与自然和谐共生等生态文明理念的提出，可以说是老子"道法自然"思想在新时代中国特色社会主义建设中的具体运用。从此意义上讲，老子也是倡导生态文明建设的先驱。

人类社会和自然本为一体，人类本身即是自然界的主要组成部分。旅游可持续发展的实现，首先要做的就是人们的旅游发展与自然和谐，人们的旅游行为建立在尊重自然、师法自然的"道法自然"的基础之上，旅游产品的开发与建设亦与基本的自然规律相适应。老子"道法自然"中的人与自然和谐共处的思想，是对当今大力倡导的低碳旅游、绿色旅游，有着先天上的预见和回应。

"道"作为老子思想体系的核心概念和老子哲学的最高范畴，老子强调"道"是孕育天地万物的总根源和宇宙的本原，即"道生一，一生二，二生三，三生万物"①。老子提出："人法地，地法天，天法道，道法自然。"② 这里的"自然"不是指自然界，而说的是一种自然而然的存在状态，是万物原本存在的样子。"法"是效法、遵循的意思。"道法自然"就是说人们要遵循事物本来的属性，顺应其发展规律，使其依照自身的发展进程去自然成长，人类不要去干扰或打断事物的发展进程，做到人与自然和谐相处。用老子《道德经》里面的话就是说"辅万物之自然而不敢为也"③，即不要因为某一功利性的目的而去破坏生态自然，禁止反自然的事情发生，应当"道常无为而无不为"④。

---

① 老子（第42章）。
② 老子（第25章）。
③ 老子（第64章）。
④ 老子（第37章）。

"道法自然"是处理好人与自然界关系的根本准则。老子"道法自然"思想，倡导对自然的顺应和无为，反对人为去破坏自然，对于今天我国的生态中国建设和实现经济社会的可持续发展，具有重要的借鉴意义。今天旅游业发展中所提倡的生态旅游、绿色旅游和旅游可持续发展思想，就是老子"道法自然"思想在现代旅游业发展中促进人与自然"天人合一"的和谐发展观的具体体现。按照老子"道法自然"思想，乡村旅游的发展不应该以盲目地、无节制地破坏旅游资源或旅游环境为代价。应该根据可持续发展的原则，强调旅游发展、环境变化、社会和谐等的协调与统一。

老子"道法自然"思想可以帮助人们树立健康的文明旅游观。现代社会上的大量不文明旅游现象的存在，首要的原因是人们生态文明素质的低下和生态保护观念淡漠。绿色消费观念是有助于可持续发展的理性消费观，是人们树立健康的文明旅游观的前提和基础。老子"道法自然"思想中蕴含的生态伦理价值观，"为旅游者行为的严格生态化转变提供了一种意识上的可能路径"[①]，可以帮助人们树立正确的绿色消费观念，加强文明旅游的意识，促使人们自觉自愿地去文明旅游、健康旅游、低碳旅游。

《中共中央、国务院关于实施乡村振兴战略的意见》（2018年1月2日）提出"坚持人与自然和谐共生。牢固树立和践行绿水青山就是金山银山的理念，落实节约优先、保护优先、自然恢复为主的方针，统筹山水林田湖草系统治理，严守生态保护红线，以绿色发展引领乡村振兴"。这也是"新乡建"下乡村旅游的基本发展理念之一。

（二）全域旅游，共享旅行

随着旅游与休闲成为人们的常态性生活方式，中国的旅游业正

---

① 曾武佳，曾华艳，欧阳立群.论"道法自然"思想对促进旅游者行为生态化的启示［J］.社会科学研究，2013（2）：110-114.

在从传统的"景点旅游"模式向"全域旅游"模式转变，全民旅游和个人游、自驾游为主的全新阶段正在来临。早在海南海口召开的2016年全国旅游工作会议上，国家旅游局局长李金早（现任文化和旅游部副部长）即明确提出："必须转变旅游发展思路，变革旅游发展模式，创新旅游发展战略，加快旅游发展阶段演进，推动我国旅游从'景点旅游'向'全域旅游'转变。全域旅游是把一个区域整体作为功能完整的旅游目的地来建设，实现景点内外一体化，做到人人是旅游形象，处处是旅游环境，是空间全景化的系统旅游，是跳出传统旅游谋划现代旅游、跳出小旅游谋划大旅游。推进全域旅游是一场具有深远意义的变革，是新时期我国旅游发展的战略再定位。"

所谓"全域旅游"："是指在一定区域内，以旅游业为优势产业，通过对区域内经济社会资源尤其是旅游资源、相关产业、生态环境、公共服务、体制机制、政策法规、文明素质等进行全方位、系统化的优化提升，实现区域资源有机整合、产业融合发展、社会共建共享，以旅游业带动和促进经济社会协调发展的一种新的区域协调发展理念和模式。"[①]在目前的中国，发展全域旅游有利于促进旅游业转型升级和实现可持续发展，是我国推进新型城镇化和美丽乡村建设的不二利器，具有重要的现实意义，具体来说，"创新发展方面，全域旅游是发展理念和发展模式的创新，也是旅游业转型升级的方向。发展全域旅游，就是要提升旅游业发展能力，拓展区域旅游发展空间，培育区域旅游增长极，构建旅游产业新体系，培育旅游市场新主体和消费新热点。协调发展方面，发展全域旅游有利于统筹实施供给侧结构性改革，促进供需协调；有利于推动区域特色化发展，促进景点景区内外协调；有利于推进乡村旅游提质增效，促进城乡协调；有利于完善产业配套要素，促进软硬件协调；有利于提

---

① 李金早.全域旅游大有可为（2016.1.29）.http：//www.cnta.gov.cn/ztwz/zghy/hydt/201602/t20160208_760166.shtml.

升整体服务水平，促进规模质量协调。绿色发展方面，发展全域旅游能把生态和旅游结合起来，把资源和产品对接起来，把保护和发展统一起来，将生态环境优势转化为旅游发展优势，将绿水青山变成金山银山，创造更多的绿色财富和生态福利。开放发展方面，全域旅游更加注重拓展开放发展空间，打破地域分割、行政分割，打破各种制约，走全方位开放之路，形成开放发展的大格局。共享发展方面，实施全域旅游、促进城乡旅游互动和城乡发展一体化，不仅能带动广大乡村的基础设施投资，提高农业人口的福祉；还能提升城市人口的生活质量，形成统一高效、平等有序的城乡旅游大市场"。① 发展全域旅游，本质和核心在于要把旅游从原来孤立的点和条向全社会、多领域、综合性的方向推进，在经济社会发展的方方面面融入旅游的理念。

全域旅游在国内外已经具备了一定的实践基础。欧美国家的现代旅游业开始较早，很早就具有了全域旅游的一些特点。例如，法国的全域旅游突出体现在都市旅游、乡村旅游一体化发展上，西班牙的全域旅游是在应对"阳光与海滩"模式结构性问题中逐渐发展起来的。在国内，苏州市提出"城市即旅游，旅游即生活"的理念，强调"大空间"，把整个城市作为最大景区、最美旅游目的地整体建设，丰富苏州在游客心目中的印象和记忆；桂林的"两江四湖"工程是集城市水系梳理、防洪排涝、环境整治、城市建设、文化建设、旅游基础设施建设等于一体的综合工程，将城市景观文化拓展成为全域旅游，实现了城市旅游的创新突破，既做好城市防洪防涝、排污，改造旧城，优化城市风貌，更激活了城市旅游，提升了"两江四湖"沿岸的商业和土地价值，实现了多功能融合，可谓一举多得；海南省琼海市提出实施田园城市、幸福琼海战略，将全市当成一个5A级景区来建设；河南省栾川县提出了"全景栾川"的发展

---

① 李金早. 全域旅游的价值和途径［N］. 人民日报，2016-03-04.

思路，提出全区域营造旅游环境，全领域融汇旅游要素，全产业强化旅游引领，全社会参与旅游发展，全民共享旅游成果，规划了全域旅游建设的主要载体：游客服务集散中心、生态景观廊道、精品度假区、特色庄园（农庄）、风情小镇、旅游新业态、深度游线路等，发展成效明显。[①] 在 2016 年年初举行的全国旅游工作会议上，国家旅游局将海南确定为首个全域旅游创建省，承担着探索经验、做出示范的重任。2016 年 2 月 1 日，国家旅游局公布了首批创建"国家全域旅游示范区"名单，海南省、北京市昌平区等 262 个市县成为首批国家全域旅游示范区创建单位，其中河南省有郑州市、济源市、洛阳市栾川县、嵩县、安阳市林州市、焦作市修武县、焦作市博爱县、南阳市西峡县、信阳市新县、信阳市浉河区 10 个市、县名列其中。

2018 年，国家发改委、文化和旅游部等 13 部门联合发布《促进乡村旅游发展提质升级行动方案（2018—2020 年）》（以下简称《行动方案》），对乡村旅游提质升级进行了系统部署。《行动方案》针对部分地区乡村旅游外部连接景区道路、停车场等基础设施建设滞后，垃圾和污水等农村人居环境整治历史欠账多，乡村民宿、农家乐等产品和服务标准不完善，社会资本参与乡村旅游建设意愿不强、融资难度较大等问题，从补齐乡村设施建设短板、推进人居环境整治、建立健全产品和服务标准、鼓励引导社会资本参与、加大配套政策支持 5 个方面作出了系统部署。[②]

与现代城市相比，乡村风景秀美、空气清新、民风淳朴、生活节奏舒缓，又具有丰富的文化基因、悠久的家族传承、独特的民风民俗，能给人一种惬意、闲适、平和的感受和生活体验，适合人群

---

① 李金早. 全域旅游大有可为，http：//www.cnta.gov.cn/ztwz/zghy/hydt/201602/t20160208_760166.shtml.

② 促进乡村旅游发展提质升级行动方案（2018—2020 年）发布，http：//www.gov.cn/xinwen/2018-10/17/content_5331694.htm.

居住。乡村旅游发展到今天，以旅游观光为主的景区化发展早已经不能适应当前的形势和游客需求的变化，人们越来越倾向追求一种生活化的旅游方式，于是乡村生活便成为乡村旅游发展的升级版，乡村成为城市居民品质化休闲度假需求的最佳目的地，乡村旅居就成为一种生活方式。目前，日益火爆的民宿便是比较接近乡村旅居的一种旅游业态。乡村旅游的生活化与旅游化的乡村生活亦日渐被人们所认可和接受。乡村旅游可借此由传统的"景点旅游"发展到"全域旅游"建设阶段。

作为"我国经济已由高速增长阶段转向高质量发展阶段"的重要表现，共享经济是我国未来经济增长、社会发展的重要力量。党的十九大报告明确提出，"在中高端消费、创新引领、绿色低碳、共享经济、现代供应链、人力资本服务等领域培育新增长点、形成新动能"。

在共享经济快速发展的背景下，"共享旅行"悄然到来。根据中国旅游研究院和美国知名的短租平台爱彼迎（Airbnb）联合发布的数据显示，共享住宿已成为中国出境游客的主要选择，95%的受访者表示他们关注过民宿、家庭旅馆、度假租赁房屋等，47%的人住过这样的住宿设施，23%的人认为在境外时民宿、家庭旅馆、度假租赁房屋是他们的主要选择，优于酒店的选择。① 依托互联网、大数据、云计算等现代技术，共享旅行在极大程度上实现了旅游资源和信息的共享，激活并释放了海量的社会闲置资源，给旅游业发展带来了革命性的变革。

在此背景下，在乡村旅游领域推动多方互信机制的建立，探索建设新村旅游产品规范管理的新标准、新机制，在乡村旅游引领下推动乡村全域、全面、全民、全时发展，从居游共享的角度来促进乡村旅游发展，使"共享旅行"成为新时代乡村旅游发展的重要发

---

① 旅游＋共享悄然兴起，http://news.163.com/18/0102/11/D753CDM500018AOP.html

展理念，即成为乡村旅游可持续发展的应有之义。

（三）文旅融合，以旅彰文

我国自古以来就有着"文旅融合"的传统。孔子早在 2500 年前就阐述了"无文不远"的道理，"读万卷书，行万里路"就是中国传统文人"文旅融合"的风尚。在新时代条件下推动文化和旅游融合发展，既体现了当代文化产业、文化事业与旅游产业共有共建共享的有机结合，又是中国传统"文旅融合"的传承创新。促进文旅融合是推动我国旅游业优质发展的必然要求。

2019 年 3 月 8 日，文化和旅游部部长雒树刚在"两会"上提出："推动文化和旅游融合发展是以习近平同志为核心的党中央作出的重要决策，我们深深体会到文化是旅游的灵魂，旅游是文化的载体。文化使旅游的品质得到提升，旅游使文化得以广泛传播。""要通过文化和旅游的融合发展，推出更多文化和旅游精品。""要通过文化和旅游的融合发展，创造更加舒适、便利的旅游环境。""要通过文化和旅游的融合发展，实现安全旅游、文明旅游。""要通过文化和旅游的融合发展，推动中外人文交流。"

结合到我国新时代乡村旅游发展，"文旅融合"就是要推进乡村文化事业、文化产业和旅游业的全面融合发展、全链条深度融合，根据"宜融则融、能融尽融"原则，找准乡村文化和乡村旅游工作的最大公约数、最佳连接点，在乡村全面实现旅游资源共享、品牌优势互补、文化传承与旅游业发展协同推进。结合文化和旅游部部长雒树刚 2019 年全国文旅工作报告中的精神，乡村旅游发展需要重点做到 3 个方面"文旅融合"，这也是新时代乡村旅游发展的基本理念：

第一，着力推进理念融合。树立以文促旅、以旅彰文的理念，从思想深处打牢乡村文化和乡村旅游融合发展的基础，真正切实推动文化和旅游深度融合，充分发挥旅游的产业化、市场化优势，在乡村地区开创文化创造活力持续迸发、旅游发展质量持续提升、优秀文化产品和优质旅游产品持续涌现的新局面，不断增加乡村文化旅游产品的吸引力和影响力。

第二，着力推进产业融合。在乡村地区全面实施"文化+""旅游+""互联网+"战略，因地制宜地推动乡村文化、乡村旅游、休闲农业及相关产业融合发展，不断培育新业态展。以文化创意为依托，大力促进产品融合，推动更多乡村文化资源转化为文化旅游产品，以文化创意推动乡村旅游特色化、品质化发展，着力推出一批特色鲜明的乡村文化旅游商品，建立一批具有鲜明的乡村文化主题的一流旅游目的地和集文化创意、度假休闲、康体养生等于一体的乡村文化旅游综合体。

第三，着力推进服务融合。要协同推进乡村地区的公共文化服务和旅游公共服务、为居民服务和为游客服务，发挥好综合效益。在乡村旅游公共服务设施修建、改造中，不断深化乡村文化内涵，彰显乡村区域文化特色。

二、"新乡建"下乡村旅游的主要发展模式

（一）乡村旅游+创意农业（创意农业旅游）

"国内外发展实践显示，文化创意是产业转型升级关键期的加速器、创新源和驱动力，开启了旅游产业走向新常态的三条有效路径：在提质增效中塑造品牌、在市场创新中创造价值、在体系融入中拓展空间。"[1]创意农业是继观光农业、生态农业、休闲农业之后兴起的新的农业产业模式。创意农业借助文创思维逻辑，将科技和人文要素融入农业生产，把传统农业发展为集生产、生活、生态为一体的现代农业，是拓展传统农业功能与提升传统农业价值的一种新兴业态。在乡村旅游发展领域，作为"乡村旅游+创意农业"形成的

---

[1] 王慧敏. 以文化创意推动旅游产业转型升级 [J]. 旅游学刊，2015，30（1）：1–3.

创意旅游农业，是创意农业与乡村旅游业、休闲农业等相结合的产物，是创意农业与休闲农业、乡村旅游发展到一定阶段相互渗透、相互融合的结果。

农业除了具有食品保障功能、原料供给、就业增收、生态保护等基本功能外，观光旅游、文化传承也是其重要功能。创意农业"就是用创意产业的思维方式和发展模式整合农村生产、生活、生态资源，创新农副产品，完善多层次的产业链，创新农业发展模式。具体来说，创意旅游农业以农业生产场所、过程、产品为依托，以文化创意、艺术创造和技术创新为核心，以丰富农业功能、开拓市场需求、提高农业附加值为目的，是传统农业发展的新阶段"[1]。我国著名经济学家厉无畏曾指出："相对于现代农业'研发、生产、加工和销售'的产业发展模式，创意农业的特色及其优势在于能够以文化创意为核心，构筑多层次的全景产业链，通过创意把文化艺术活动、农业技术、农副产品和农耕活动以及市场需求有机结合起来，形成彼此良性互动的产业价值体系，为农业和农村的发展开辟全新的空间，并实现产业价值的最大化。"[2]

创意农业旅游是兼具食品生产、观光旅游、文化传承功能的新型乡村旅游业态，"是以农村的生产、生活、生态'三生'资源为基础，通过创意理念、文化、技术的提升，创造出具有旅游吸引力、带来农业和旅游业双重收益的农业新业态，即有效地将科技、文化、社会、人文等方面的创意元素，融入农村的各个方面，投入农业产业链的各个环节，使农业与旅游市场消费需求衔接，创造出满足旅游和农业双重市场需求、一二三产融合发展的新型农业发展模式"[3]。

---

① 李庆雷.创意农业：乡村旅游的新载体［N］，中国旅游报，2013-6-7（011）。

② 厉无畏.创意农业的发展理念与模式研究［EB/OL］.中国人民大学文化产业研究院网，http：//www.cncci.org.

③ 卢云亭，李同德，周盈.创意旅游农业开发模式初探［EB/OL］.http：//www.zgcyny.com，2010-3-25.

科技创新与文化创意是发展创意农业旅游的主要动力。发展创意农业旅游，就是根据市场的需要，以科技创新与文化创意为基本手段和主要动力，全方位整合农业、农村的生产、生态和生活资源，通过创新思维设计出具有文化内涵和相当科技含量的创意农业产品、创意农业文化、创意农业活动和创意农业景观，把创意农业活动与科技创新、文化传承与创新结合起来，把农业生产、加工全过程与科技创新和文化创意并举，满足乡村旅游市场需求，形成一种富有浓郁的地方文化气息和高科技的综合性产业。

随着我国旅游业已经进入了战略调整期，乡村旅游产业的转型升级与优质发展已成为新时代乡村旅游发展的重中之重。以创意农业为主要内容的创意休闲农业和创意乡村旅游已经成为当前乡村旅游产业转型升级的必然选择。为了促进创意农业旅游发展，2014 年文化部专门下文指出："加强休闲农业与乡村旅游经营场所的创意设计，支持建设集农耕体验、田园观光、教育展示、文化创意于一体的休闲农业创意园。"[1] 为了促进创意旅游农业快速发展，2018 年 4 月，农业农村部下发《关于开展休闲农业和乡村旅游升级行动的通知》，要求"坚持以创新为动力的发展路径，积极发展创意农业，创作一批充满艺术创造力、想象力和感染力的创意精品"。

在国内休闲农业与乡村旅游发展的实践中，涌现了一大批创意农业提升乡村旅游转型升级的典型案例。如四川省成都市锦江区三圣乡的"五朵金花"，将传统农耕文化创意要素成功融入了当地乡村旅游发展中，打造"幸福梅林"等国内外驰名的创意农业旅游园区。此外，设计了春意盎然踏青园、姹紫嫣红瓜果园、金秋十月赏菊园、寒冬保健菜园 4 个植物创意景观园和 1 个蔬菜迷宫的北京昌平区小汤山镇土沟村的四季蔬菜创意观光园，也是国内景观创意农业的典型代表。山东栖霞生产出了亲情苹果、生肖苹果、艺术苹果，

---

[1] 文化部关于贯彻落实《国务院关于推进文化创意和设计服务与相关产业融合发展的若干意见》（国发〔2014〕10 号）。

利用苹果制作的"感恩农业赋"和康熙皇帝的耕织诗,都是很有文化内涵的创意旅游农业精品。

(二)乡村旅游 + 文化体验(乡村文化体验旅游)

乡村文化"是人类与乡村自然相互作用过程中所创造出来的所有事物和现象的总和,它具有自然性、生产性和脆弱性等特性";"田园景观、农耕文化、建筑文化、饮食文化、手工艺文化、家庭文化、艺术文化具有浓郁的乡土气息,从而构成乡村旅游独具特色的核心吸引物,成为开发重点"。[①] 作为促使旅游者产生乡村旅游需求的最重要因素,我国自古以来就有崇尚乡村生活、寄情乡村文化、纵情乡村山水的传统。晋末著名诗人陶渊明(约365—427年)创作了大量反映其乡村生活的田园诗,他的《饮酒》《归园田居》《桃花源记》等诗作,描绘了淳朴的农村生活情趣和恬静优美的农村风光,表现出了作者对田园生活的无限热爱,成为今天人们对美好乡村生活和淳厚乡村文化向往的根源,其"采菊东篱下,悠然见南山"更是成为人类理想人居环境的写照。传统村落是最能代表乡村文化的。有学者"通过对10个典型古村落的游客调查数据分析,确定了主要的旅游竞争力评价指标及其贡献指数。游客在选择和评价古村落时,更注重能体现古村落特色的元素:文物古迹、古韵氛围、民俗风情、原真性保持,其次关心旅游基础设施和旅游服务"。[②]

我国乡村文化具有非常高的旅游体验价值,这在乡村民俗文化方面的体现尤其明显。无论是盛行于中国大多数地区的舞狮子、舞龙灯,还是陕北农村的秧歌、东北的二人转、西南地区的芦笙盛会、内蒙古的"那达慕"大会,都吸引着无数的游客去参与和体验。充

---

① 范本祁,黄华英.民族地区乡村文化视野下的乡村旅游开发[J].牡丹江大学学报,2008,17(6):99–101.

② 程乾,郭静静.基于类型的古村落旅游竞争力分析[J].经济地理,2011,31(7):1226–1231.

满着泥土气息的乡村饮食更是以其绿色、健康、美味、清新而吊足了游客的胃口，吸引了无数的号称"吃货"的旅游者，成为旅游者在乡村旅游活动中所追求的重要目的之一。例如，在四川成都洛带古镇，"美味可口的客家小吃让游客流连忘返，且每一种小吃都融入了其独特的客家文化内涵。客家伤心凉粉几乎成为到洛带游览游客的必尝小吃"。① 伤心凉粉已经成了几乎四川所有古镇都共享的一张文化品牌和当地文化旅游的一个代表性符号，"到了古镇上的游客如果想体验传统的特色饮食，绝对不能错过'伤心凉粉'。伤心凉粉的名字很奇特，一则意味着凉粉辣得人流泪；二则表示老板的生意好，就算顾客急得火急火燎，也还得耐心继续排队等候。凡是对洛带稍有了解的游人，都知道当地最出名和最正宗的是广东会馆里的那家伤心凉粉"②。在这里，伤心凉粉不仅成为使人想起客家人几百年前的迁徙历史和进入四川后生活之艰辛的物质载体，具有追忆和体验客家文化的体验功能；而且，伤心凉粉还转化成一种乡村饮食文化品牌，以及获利颇丰的优质旅游餐饮产品。

乡村文化能够满足城市居民放松心情、求新求异、农耕文化求知与学习、考察农村生活等的乡村旅游需求，充分体验乡村与城市不同的生活环境和文化氛围，在对乡村文化的体验和感知中回归自然，释放自己在城市压抑已久的情感，促进游客的身心状况达到"释然"平衡和"天人合一"的境界。以"乡村旅游+文化体验"来促进传统乡村文化的传承与创新，是建设"美丽中国、美丽乡村"，实现"中国梦"的重要途径，更是新时代乡村旅游发展的重要模式。例如，成都市的"五朵金花"就是"乡村旅游+文化体验"的典范，无论"花香农居"的休闲餐饮文化、"幸福梅林"的传统花卉文化、

---

① 蔡克信.旅游体验与古城古镇古村落旅游开发——以成都市洛带古镇为例［N］.中国旅游报，2009-06-29.

② 阚波.四川客家饮食文化的旅游资源开发——以洛带古镇"伤心凉粉"为例［J］.成都行政学院学报，2011（3）：62-64.

"荷塘月色"的音乐和绘画艺术文化，还是"江家菜地"的农耕文化、"东篱菊园"的环境人文文化，均成为文化创意型乡村旅游的发展典范。广西的阳朔根据漓江山水和"刘三姐"传说精心编排的大型文艺实景表演《印象·刘三姐》充分展现了当地的乡村文化和民俗风情，成为乡村文化体验旅游的知名品牌。鉴于乡村文化体验旅游的巨大吸引力及其良好的社会效益，为了促进"乡村旅游 + 文化体验"快速发展，2018 年 4 月，农业农村部下发《关于开展休闲农业和乡村旅游升级行动的通知》，专门要求"坚持以文化为灵魂的发展特色，立足本地农耕文明，发掘民俗文化，拯救村落文化，弘扬乡贤文化，讲好乡村故事"。

（三）乡村旅游 + 康养度假（田园康养度假旅游）

随着我国老龄化社会的加速到来，康养度假旅游作为近年来新兴的旅游业态，实现了乡村康养资源与旅游活动交叉渗透和融合，越来越受到人们的重视。"乡村旅游 + 康养度假"（田园康养度假旅游）是以乡村环境、农业生产为载体，以农作、农事、农活为主要生活内容，充分迎合当前人们注重养生的心理，通过融合乡村的农业活动、森林和气候资源、中医药资源等，开展包括康养农业、森林游憩和度假、温泉疗养和田园拓展运动、健康农业产品开发、乡村居住养生等，为人们提供适合长期养生、养老的乡村度假旅游模式。这种模式非常适合城市居民在每年的特定时间段到乡村进行养生和养老。

实现国民健康长寿，是国家富强、民族振兴的重要标志。2016 年 10 月国务院发布的《"健康中国 2030"规划纲要》中明确指出，要"把健康城市和健康村镇建设作为推进健康中国建设的重要抓手"，"积极促进健康与养老、旅游、互联网、健身休闲、食品融合，催生健康新产业、新业态、新模式"。《"健康中国 2030"规划纲要》还定下明确发展目标：到 2020 年，健康服务业总规模超 8 万亿元，到 2030 年达 16 万亿元。

2017 年，国家卫生计生委等 5 部门日前联合印发的《关于促进健康旅游发展的指导意见》指出："到 2020 年，建设一批各具特色的健康旅游基地，形成一批健康旅游特色品牌，推广一批适应不同区域特点的健康旅游发展模式和典型经验，打造一批国际健康旅游目的地。 到 2030 年，基本建立比较完善的健康旅游服务体系，健康旅游服务能力大幅提升，发展环境逐步优化，吸引更多的境内外游客将我国作为健康旅游目的地，提升产业发展层级。"2019 年 3 月，国家发改委联合多个部门印发关于《2019 文旅康养提升工程实施方案》的通知，国家现代农业产业园、田园综合体项目等被纳入 2019 年国家重点补贴的农业项目。

2019 年国务院政府工作报告指出，"新建居住区应配套建设社区养老服务设施"。这使得田园康养度假旅游的发展又迎来了新的机遇。相对于城市的康养，乡村的特色小镇、田园综合体、休闲农庄发展社区等开展养老服务，比城市更有市场。田园康养又有利于降低成本，更好地满足老年人对于"乡愁"的需求。

森林康养是"乡村旅游＋康养度假"的重中之重。"森林康养是以森林生态环境为基础，以促进大众健康为目的，利用森林生态资源、景观资源、食药资源和文化资源并与医学、养生学有机融合，开展保健养生、康复疗养、健康养老的服务活动。"[1] 根据《国家林业和草原局、民政部国家卫生健康委员会、国家中医药管理局关于促进森林康养产业发展的意见》，"到 2022 年，建成基础设施基本完善、产业布局较为合理的区域性森林康养服务体系，建设国家森林康养基地 300 处，建立森林康养骨干人才队伍。到 2035 年，建成覆盖全国的森林康养服务体系，建设国家森林康养基地 1200 处，建立一支高素质的森林康养专业人才队伍。到 2050 年，森林康养服务

---

① 《国家林业和草原局、民政部国家卫生健康委员会、国家中医药管理局关于促进森林康养产业发展的意见》（林改发〔2019〕20 号）.

体系更加健全，森林康养理念深入人心，人民群众享有更加充分的森林康养服务"。[①] 目前，全国已有 27 个省市先后开展了森林康养基地建设，有效地促进了当地产业发展，推动了乡村振兴和乡村旅游精准扶贫。

（四）乡村旅游 + 研学教育（乡村研学旅行）

自古以来我国的文人就有研学之风，"读万卷书、行万里路"是古代文人的座右铭。著名思想家、教育家孔子 56 岁时率弟子周游列国，研修各地风土人情和礼乐文化，堪称我国研学旅游的先驱。李白、杜甫、白居易、苏轼、沈括等著名文人在壮游祖国名山大川时留下了一系列著名旅游文学作品。

近年来，国家连续出台相关政策推动研学旅行发展。2013 年发布的《国民旅游休闲纲要（2013—2020 年）》提出了"逐步推行中小学生研学旅行"的设想，2015 年国家旅游局局长李金早在全国旅游工作会议上又再次重提这一概念。2016 年 12 月 19 日，教育部、国家发改委、国家旅游局等 11 部门印发《关于推进中小学生研学旅行的意见》，提出要"开发一批育人效果突出的研学旅行活动课程，建设一批具有良好示范带动作用的研学旅行基地，打造一批具有影响力的研学旅行精品线路，建立一套规范管理、责任清晰、多元筹资、保障安全的研学旅行工作机制，探索形成中小学生广泛参与、活动品质持续提升、组织管理规范有序、基础条件保障有力、安全责任落实到位、文化氛围健康向上的研学旅行发展体系"。2019 年全国教育工作会议又提出，"统筹好校内教育和实习实训、社会实践、研学旅行等校外活动"。

对于研学旅行的性质与作用，河南省教育厅等 10 部门于 2019 年 3 月印发《关于推进中小学生研学旅行的实施方案》通知中明确

---

① 《国家林业和草原局、民政部国家卫生健康委员会、国家中医药管理局关于促进森林康养产业发展的意见》（林改发〔2019〕20 号）.

指出："中小学生研学旅行是由教育部门和学校有计划地组织安排，通过集体旅行、集中食宿等方式开展的研究性学习和旅行体验相结合的校外教育活动，是学校教育和校外教育衔接的新形式，是教育教学的重要内容，是综合实践育人的有效途径。"[①]《"十三五"旅游业发展规划》对研学旅行的作用说得更为明确："将研学旅行作为青少年爱国主义和革命传统教育、国情教育的重要载体，纳入中小学生综合素质教育范畴，培养学生的社会责任感、创新精神和实践能力。"

发展研学旅行，青少年学生是主要的客源市场。乡村研学旅行能够集自然生态教育、趣味知识教育、传统国学教育、手工技能教育、艺术特长教育、职业体验教育等为一体，还可以结合夏令营、冬令营、周末营以及青少年第二课堂等形式，创新青少年教育形式。乡村旅游与青少年乡村研学旅行相结合，加强乡村旅游教育基地建设，是一条推动乡村旅游转型升级的重要举措。

对于广大青少年特别是长期在城市里生活的青少年而言，乡村文化与乡村景观有着莫大的吸引力。在一些环境优美、交通便捷、具有浓郁乡村景观的地方，可以建设"农村社会实践基地""生态环境示范基地""社会主义新农村示范点""花卉教室""农耕文化展览室"等乡村教育基地，让青少年在自然环境中感受中国的农耕文化与乡村文明，学习农业农村的基本文化知识，加强国情省情乡情认识。可以增加乡村旅游的科技含量，通过科技创造出千姿百态的乡村旅游与休闲产品，模拟演示农业的自然之谜、极端现象、农业史上有较大影响的自然灾害，提高乡村旅游产品的文化品位，增强对青少年的吸引力。

（五）乡村旅游 + 红色旅游（乡村红色旅游）

根据中共中央办公厅印发《2004—2010 年全国红色旅游发展

---

① 河南省教育厅等 10 部门《关于推进中小学生研学旅行的实施方案》（2019 年 3 月）.

规划纲要》，红色旅游的界定是："红色旅游，主要是指以中国共产党领导人民在革命和战争时期建树丰功伟绩所形成的纪念地、标志物为载体，以其所承载的革命历史、革命事迹和革命精神为内涵，组织接待旅游者开展缅怀学习、参观游览的主题性旅游活动。"《2011—2015年全国红色旅游发展规划纲要》在《2004—2010年全国红色旅游发展规划纲要》的基础上扩大了"红色旅游"的范畴，将1840年以来的中国大地上发生过的以爱国主义和革命传统精神为主题、有代表性的重大事件和重要人物的历史文化遗存纳入红色旅游发展范围，并按主题内容划分为4个时期：（1840—1921年）以中国人民面对西方列强入侵和封建王朝压迫展开的不屈不挠、艰难求索的奋斗历程为主题；（1921—1949年）以中国共产党领导全国各族人民推翻反动政权、夺取全国胜利、建立人民共和国、实现民族独立和人民解放的奋斗历程为主题；（1949—1978年）以中国共产党带领全国各族人民确立社会主义基本制度，在一穷二白的基础上自力更生、艰苦奋斗，进行社会主义革命和建设的奋斗历程为主题；（1978年至今）以中国共产党在新的历史时期，实行改革开放，不断探索和发展中国特色社会主义的奋斗历程为主题。

红色文化是红色旅游发展的灵魂和基础。红色旅游的最重要目的就是传承红色文化，弘扬红色精神。对于红色文化与红色旅游的关系，刘红梅（2012）认为："红色旅游作为红色文化的传承载体，寓教于乐，是一种手段和方法的创新，同时也更具有实效性。红色旅游是以红色文化资源作为资源基础的，红色旅游的载体是红色文化资源，红色文化资源是红色文化传承的实质性载体。"[1]

进入21世纪以来，中国共产党和政府部门对红色旅游发展起到了巨大的推动作用。刘云山等党和国家领导人多次到红色旅游景区（点）考察、调研，发出发展红色旅游的指示，制定推动红色旅游

---

[1] 刘红梅.红色旅游与红色文化传承研究［D］.湘潭大学，2012.

发展的方针政策与措施，大力支持发展红色旅游，提出"发展红色旅游必须把突出思想内涵作为基本要求，成为锻炼党性，培养爱国情感、培育民族精神的重要场所。同时要实现社会效益和经济效益双丰收，旅游和文化有机融合，为优化经济结构、转变发展方式提供新途径"①；"要以各具特色的爱国主义教育基地为依托，充分运用革命历史文化遗产和人文自然景观，促进红色旅游与民俗游、生态游、乡村游融合发展，打造一批知名红色旅游品牌，不断拓展红色旅游新的发展空间。"②2008年，国家发改委、中宣部、财政部、国家旅游局等14个部门联合制定发布了《关于进一步促进红色旅游健康持续发展的意见（2008年）》，要求各地、各部门要统筹推进红色旅游融合发展。2009年，《国务院关于加快发展旅游业的意见》（国发〔2009〕41号）：提出："实施全国旅游培训计划，加强对红色旅游、乡村旅游和文化遗产旅游从业人员培训"，"中央政府投资重点支持中西部地区重点景区、红色旅游、乡村旅游等的基础设施建设"。2014年8月，《国务院关于促进旅游业改革发展的若干意见》（国发〔2014〕31号）又提出，要大力发展红色旅游，"加强革命传统教育，大力弘扬以爱国主义为核心的民族精神和以改革创新为核心的时代精神，积极培育和践行社会主义核心价值观"③；"中央政府要加大对中西部地区重点景区、乡村旅游、红色旅游、集中连片特困地区生态旅游等旅游基础设施和生态环境保护设施建设的支持力度。"④2016年年初，中共中央办公厅、国务院办公厅印发《关于加大脱贫攻坚力度支持革命老区开发建设的指导意见》，明确指出要"支持老区建设红色旅游经典景区，优先支持老区创建国家级旅游景

① 红色旅游网，http://www.crt.com.cn/news2007/News/jryw/1161799290KIIJ1JJ86F5FG5JK9JK.html

② 红色旅游网，http://www.crt.com.cn/news2007/News/jryw/1161799290KIIJ1JJ86F5FG5JK9JK_3.html

③ 《国务院关于促进旅游业改革发展的若干意见》国发〔2014〕31号.

④ 《国务院关于促进旅游业改革发展的若干意见》国发〔2014〕31号.

区，旅游基础设施建设中央补助资金进一步向老区倾斜。加大跨区域旅游合作力度，重点打造国家级红色旅游经典景区和精品线路，加强旅游品牌推介，着力开发红色旅游产品，培育一批具有较高知名度的旅游节庆活动"。

在党和政府的大力支持下，红色旅游的发展规模不断壮大。有数据表明，全国参加红色旅游人数由2004年的1.4亿人次增至2016年的11.47亿人次，年均增长超过16%，其中青少年游客数量累计达到32亿人次。按照《2016—2020年全国红色旅游发展规划纲要》中提出的目标，到2020年，中国红色旅游年接待人数要突破15亿人次。[①]红色旅游经典景区建设不断推进。2016年12月，根据国家发改委与国家旅游局等14家部委联合印发的《关于印发全国红色旅游经典景区名录的通知》（发改社会〔2016〕2662号）精神，全国共有300处红色旅游经典景区入选全国红色旅游经典景区名录。整体上看，红色旅游的发展模式正在不断升级，朝着融瞻仰、教育、休闲、旅游等于一体的复合发展模式转变；红色旅游新业态不断涌现，红色文化内涵不断拓展，红色文化的传承与发展形式不断更新。

乡村是中国红色文化产生和形成的主要区域，在长期的革命战争和社会主义建设时期留下了丰厚的乡村红色文化遗产。2011年，中国科学社会主义学会国家形象与地方形象创新传播中心、国家红色文化遗产深化保护与发展传承课题组按照《国家红色遗产评价体系》有关指标及流程，经过文献研究、口碑调查、媒体调研、专家评价，确定了益阳市清溪村、韶山市韶山村、山西省大寨村、安徽省小岗村等在内的首批10家中国乡村红色遗产名村。

发展乡村红色旅游，能够增大乡村文化资源利用率，丰富乡村旅游产品的类型和内涵，提升政府对乡村旅游的重视程度，带动革命老区乡村旅游经济产业的发展，丰富乡村旅游业态，形成乡村旅

---

① 去年中国有13亿人次光顾红色旅游景点，比五年前翻了个倍,https://baijiahao.baidu.com/s?id=1606343067441003684&wfr=spider&for=pc

游业发展的新的增长点。这在很多红色旅游目的地有着不少成功的案例。例如，山东沂蒙山区是我国的著名革命老区之一，与井冈山、延安并称中国革命战争时期最重要的三大老革命根据地，"沂蒙精神"也是中国伟大的民族精神之一。素有"智圣故里""红嫂家乡"美誉的沂南县，自 2009 年开始立足"红、绿、古、泉、俗"的资源优势，乡村旅游的"红色文化灌注"，成功创建了全国休闲农业与乡村旅游示范县，逐渐形成了旅游发展的"沂南模式"，形成了影视拍摄与红色旅游相得益彰、融于一体的格局。目前，这里已经成为红嫂乡村特色旅游示范区、红色影视文化"根据地"和山东经济文化建设示范点。[1]

（六）乡村旅游 + 体育健身运动（乡村体育健身旅游）

随着"健康中国 2030"战略出台，我国体育健身运动逐渐全民化、常态化、休闲化，我国各地"旅游 + 体育"的融合发展已然成风。2016 年 12 月，国家旅游局和国家体育总局共同印发《关于大力发展体育旅游的指导意见》，明确提出要"推进旅游与体育的深度融合，培育和壮大体育旅游企业集群，构建我国体育旅游产业体系和品牌，把体育旅游培育成国民经济新的增长点，不断满足人民群众多层次多样化健身运动和旅游休闲需求，为全面建成小康社会和'健康中国'做出更大的贡献"。[2]

运动休闲特色小镇是在全面建成小康社会进程中，助力新型城镇化和健康中国建设，促进脱贫攻坚工作，以运动休闲为主题打造的具有独特体育文化内涵、良好体育产业基础，运动休闲、文化、健康、旅游、养老、教育培训等多种功能于一体的空间区域、全民健身发展平台和体育产业基地。[3] 建设运动休闲特色小镇，是满足

---

① 王洪涛. 乡村旅游的"沂南模式"，http：//www.zgmlxc.com.cn/info/918.jspx，大众日报，2014-06-05.

② 《国家旅游局、国家体育总局关于大力发展体育旅游的指导意见》旅发〔2016〕172 号.

③ 《体育总局办公厅关于推动运动休闲特色小镇建设工作的通知》体群字〔2017〕73 号.

群众日益高涨的运动休闲需求、推动加快贫困落后地区经济社会发展、推动全面小康和健康中国建设的重要举措，也是实施"乡村旅游＋体育运动"的主要抓手。浙江省衢州市柯城区大力实施"体育＋旅游＋乡村"的乡村旅游发展模式，通过打造特色品牌赛事和全域旅游创建，使得运动小镇建设该市实施乡村振兴战略的突破口。衢州市柯城区打造的国家首批运动休闲特色小镇——灵鹫山森林运动小镇，围绕一园（国家森林公园）一溪（庙源溪）一镇（九华集镇）进行总体的空间布局，形成"五区十基地"的框架体系，重点建设10个体育类项目和10个配套类项。项目计划到2021年，基本完成基础设施建设和运动功能布局。到2026年，全面完成森林运动小镇的整体布局和项目建设，将成为全国知名的体育特色小镇和国家5A级景区。[①]杭州市淳安县石林镇紧紧围绕打造"港湾运动小镇"的目标定位，大力推进体育旅游化、旅游体育化，先后开发了七彩旱雪滑道、漂流、汽摩、皮划艇、水上飞人、龙舟、自行车、登山、毅行等众多体育旅游产品，并成功入选全国运动休闲特色小镇试点，2018年1—10月，全镇接待运动休闲游客52万人次，同比增长36.5%。[②]

体育健身运动体验类的乡村度假村、休闲农庄和现代农业庄园是当前"乡村旅游＋体育健身运动"（乡村体育健身旅游）融合发展的重点领域。这些度假村、农庄（庄园）是以乡村田园风光、体育运动为基础，以乡村运动休闲环境氛围塑造为依托，通过各种专项活动来规划、设计、组合成运动型体验产品，参与性、互动性、体验性、娱乐性等较强。例如，浙江省安吉县的五峰山运动度假村，就是一处以运动＋健康为主题，集户内外运动、运动康复、生态农

---

① 柯城打造"体育＋旅游＋乡村"发展之路，http://tsxz.zjol.com.cn/xwdt/201810/t20181024_8554717.shtml

② 体育产业助力 这个小镇乡村振兴之路走得有声有色，http://gotrip.zjol.com.cn/xw14873/ycll14875/201811/t20181107_8683166.shtml

业、文化创意、健康养生于一体的一站式深度度假村。度假村有专业的运动训练设施和供运动爱好者休闲健身的设施，满足了不同类型的旅游者需求。五峰山运动度假村建设的德明骑侠驿站是以第一个骑自行车环球的名人命名的骑行驿站，能够提供旅游咨询、骑行线路、能量补给、活动会议、维修保障、单车租赁等服务。此外，驿站还配备了虚拟骑行系统供游客体验。游客可以在骑行中感受度假村的风光。以体育运动为核心，打造运动休闲度假模式。①

　　"乡村旅游＋体育健身运动"（乡村体育健身旅游）使得体育健身运动和乡村旅游相互促进，给新时代的乡村旅游带来了新活力，是促进乡村旅游转型升级和优质发展的新的突破口。今后充分挖掘和发挥我国乡村体育旅游资源优势，推进乡村旅游与体育健身运动的深度融合，打造我国乡村体育健身旅游品牌，把乡村体育健身旅游培育成乡村振兴中的亮点，以满足我国人民大众日益增长的健身运动和旅游休闲需求。

（七）乡村旅游＋互联网（乡村智慧旅游）

　　在乡村旅游发展中全方位融入互联网，实施"乡村旅游＋互联网"，大力发展共享田园智慧旅游，是新时代打造乡村旅游创意新业态、提升乡村旅游产品品质的重要途径。具体来说，实施"乡村旅游＋互联网"，就是要对接互联网消费思维，以全域化、特色化、精品化、体验化等作为乡村旅游的发展理念，大力开发乡村营地、乡村庄园、乡村博物馆、艺术村落、乡村酒店、市民农园、特色民宿等乡村旅游新业态，推动乡村旅游到乡村旅游生活的转变；增加网络可视化产品，通过网络可视化技术让线上的消费者变为线下游客，线下游客变为线上消费的常客，实现"线上线下"齐头并进，变"卖产品"为"卖乡村生活"。

　　在互联网出现之前，乡村旅游由于受限于交通、通信、基础设

---

① 体育旅游有七个模式，你知道吗？http://www.sohu.com/a/276428403_100043925

施等方面的制约，与城市旅游的蓬勃发展往往形成鲜明的对比。互联网全面普及之后，大大改变了乡村旅游发展的不利条件，相反使得很多乡村通过发展旅游实现了弯道超车。例如，浙江省松阳县过去交通很不方便，正因为如此，松阳县的自然环境得到了最好的保护，仅是保存完好的国家级传统村落就超过了 50 个，这在经济发达地区是不可想象的。现在，随着自媒体的迅速传播，松阳县成为全国有名的摄影写生基地，每年来松阳写生的学生和摄影爱好者超过 50 万人，松阳也成为户外运动爱好者和骑行一族的旅行天堂，乡村旅游得到快速发展。[①] 再如，山西高平市的千年古村良户，保存有大量的明清古院落，被评为中国历史文化名村和国家级传统村落。良户古村的保护发展中高度重视互联网的作用，与中国移动合作竖起了专用信号塔，铺设了千兆光纤，全村实现了无线网络全覆盖。同时建设了公司网站、微信平台、微店等，在宣传中以网络自媒体作为主要手段，2016 年元宵灯会半个月就涌来游客 10 万人。[②] 广东省惠州市的清水湖农庄，依托广东 U 商城平台建设 O2O 商圈，该农庄把自身的模式、产品上平台，让周边农庄、宾馆、特色产品基地、景点共享经验、收益的同时，平台提供商家建店免费，关注即送 100 元等公共服务，破解各周边商家 "+ 互联网" 中遇到的要增投入、要增人员，担心数据改动等瓶颈，让商家头痛的、复杂的 "+ 互联网" 变成简单的订单处理、微信推广，商家只需会用微信，便可建设运营自有微店或 O2O 店，实现放大商家市场和客户价值、经验共享、效益倍增、抱团发展的目的，先后被评为中国乡村旅游模范户、中国金牌农家乐。[③]

在 "乡村旅游 + 互联网" 的实施上，浙江的乌镇走在了前面。

① 消费升级趋势下互联网赋能乡村旅游的 4 大维度，http://www.sohu.com/a/129251517_201003

② 李慧. 乡村旅游，激活乡村振兴新动能［N］. 光明日报，2018-09-26.

③ 乡村振兴新模式：乡村旅游＋文化体验＋互联网，http://henan.people.com.cn/n2/2018/0817/c380476-31947012.html

2014 年 11 月 19 日，第一届世界互联网大会在浙江乌镇成功召开，并授予乌镇为世界互联网大会永久会址。从此，千年古镇开始联结世界互联网，在"互联网＋旅游"路上向前迈进，真正成为一座融合历史与未来的互联网古镇，成为中国特色互联网小镇的领头羊。以在线支付为例，乌镇景区于 2014 年与支付宝合作，开通支付宝钱包"条码支付"功能，解决了商家找零的烦琐，80 家商户支持在线付款；而 2015 年第二届大会时，乌镇景区 90% 的商家和机构都支持电子支付。2016 年 7 月 3 日，百度与乌镇旅游宣布达成战略合作，双方称将共同打造全球首个无人车运营景区，在世界互联网大会永久会址乌镇景区的道路上实现高级别（Level4）无人驾驶。[①] 有数据显示：截至 2018 年 4 月，乌镇已有注册互联网企业及关联公司 316 家，互联网经济已成为乌镇经济发展中不可或缺的重要一环。[②] 在全国乡村旅游创客基地之一的浦江新光村，通过互联网技术和大数据思维，打造了"旅游＋创客＋古村落＋互联网"的乡村旅游新业态，借助浦江当地最具特色的非遗、书画、手工艺品、国学馆、花艺店、咖啡馆及个性化农产品等旅游创新产品，形成了线下体验、线上销售的发展模式。[③]

"乡村旅游＋互联网"，让乡村旅游更加"触手可及"，为乡村旅游可持续发展提供了新的驱动力量。互联网科技引领下集农业观光、教育、体验、展现农村风貌等为一体的新时代乡村旅游，已成为我国乡村旅游创新发展的主要模式。

---

① 蒋佩芳，赵娜.探营世界互联网大会举办地 走近千年乌镇就像走进未来,http://tech.sina.com.cn/i/ 2016-11-15/doc-ifxxsmif3031066.shtml。

② 办好一个展会，对一座城市影响有多大？上游新闻记者走访乌镇,https://baijiahao.baidu.com/s?id=1608093254392004121&wfr=spider&for=pc

③ 动动手指 畅游田园 乡村旅游开启"智慧模式",http://zjnews.zjol.com.cn/zjnews/zjxw/201712/t20171221_6094798.shtml

第四章 "新乡建"下乡村旅游的开发路径

一、乡村旅游扶贫

发展乡村旅游，能够提高农业效益、促使农民增收，有助于实现农村一二三产业融合发展，带动餐饮、住宿、交通、商业等产业联动发展，对推进我国农业转变发展方式、优化调整农业和农村产业结构、促进农民就业增收、建设社会主义新农村、扩大内需、统筹城乡发展以及拓展旅游业发展空间具有重要的意义。当前，乡村振兴战略已经上升为国家战略，发展乡村旅游是乡村振兴的重要途径和乡村扶贫的重要手段。党的十九大提出的乡村振兴战略为乡村旅游发展指明了方向和根本路径。

乡村旅游的扶贫作用非常显著。通过让农民开办农家乐、经营乡村旅馆等直接参与乡村旅游经营（或在乡村旅游经营单位打工）、出售自家生产的土特产品、获得土地流转的租金、入股分红等途径和形式，乡村旅游带动了大量农村贫困人口脱贫。据统计，在"十二五"期间（不含 2015 年），通过发展乡村旅游带动了 10% 以上贫困人口脱贫，旅游脱贫人数达 1 000 万人以上。[①] 在一些经济欠发达的"老少边穷"地区，"乡村旅游则成为农民脱贫致富的重要手段。如山东省淄博市博山区的中郝峪村，原是一个地处鲁中山区深

---

① 国家旅游局、国务院扶贫办共同发布"十三五"期间我国 17% 的贫困人口将实现旅游脱贫，http://www.cnta.gov.cn/xxfb/jdxwnew2/201507/t20150710_741688.shtml。

处的典型贫困村庄，全村共 113 户 340 人。2003 年全村人均收入只有 2000 元。后来该村在旅游部门的指导下，依托山地、果园和农民的菜地，发展住农家屋、吃农家饭、种农家地、摘农家果的乡村旅游项目，全村有 76 户参与经营农家乐，其中有 5 家农家乐被省旅游局评为四星级农家乐。通过发展乡村旅游，实现了经济效益、社会效益、生态效益的有机统一和良性发展。2013 年全村人均收入达到 26400 元，比 2003 年增长了 13 倍。一个远近闻名的贫困村一跃成为全省著名的乡村旅游特色村"[1]。在四川、贵州的一些地区，"简单改造一户 10 张床位的农家乐，只需要不到 10 万元的投入，但一天经营收入可以达到 1000 多元，不到两年即可收回成本"[2]。再以河南省休闲农业和乡村旅游发展较好的洛阳市栾川县潭头镇重渡沟村为例，开发乡村旅游以前，全村年人均经济收入不足 400 元，如今全村 95% 以上的村民依靠乡村旅游接待脱贫致富。2013 年重渡沟共接待省内外游客 68.5 万人次，实现旅游业直接收入 1.3 亿元，上缴税金 676 万元。"通过发展乡村旅游，农民人均纯收入从 1999 年的 400 多元增长到 2014 年的 2.75 万元，15 年增长了 60 多倍。"[3] 重渡沟景区所在的潭头镇等周边乡镇实现社会综合收入 5.8 亿元。重渡沟景区依靠乡村旅游带动广大群众脱贫致富、推动新型农村建设、拓宽农村经济转型之路的发展模式，被专家学者称为"重渡沟现象"。其依靠乡村旅游的发展，带动和促进农家宾馆"集群式"发展的先进经验，被编入义务教育"教科书"。2005 年 8 月至今，重渡沟景区先后获得"伏牛山世界地质公园""国家 4A 级旅游景区""全国农业旅游示范点""河南省十佳景区""河南省生态旅游示

---

① 大力发展乡村旅游是解决三农问题的重要途径，http：//www.crttrip.com/news/html/？2473.html，中国乡村旅游网 2014–05–28.

② 李金早．实施旅游扶贫助力全面小康，http：//www.cnta.gov.cn/xxfb/jdxwnew2/201511/t20151106_750941.shtml.

③ 李金早．实施旅游扶贫助力全面小康，http：//www.cnta.gov.cn/xxfb/jdxwnew2/201511/t20151106_750941.shtml.

范村""国家中部旅游人才培训基地"等多项殊荣[1]，已经成为闻名全国的乡村旅游开发典型村。根据国家旅游局发布《全国乡村旅游扶贫观测报告》（2016）显示：乡村旅游已成为我国农民就业增收、农村经济发展、贫困人口脱贫的主战场和中坚力量；2015 年，贫困村乡村旅游从业人员占贫困村从业总人数的 35.1%，乡村旅游带来的农民人均收入占农民人均年收入的 39.4%，贫困村通过乡村旅游脱贫人数达 264 万人，占全国脱贫总人数的 18.3%。2017 年，通过乡村旅游实现脱贫人数占脱贫总人数的 17.5%。[2]

2015 年以来，国务院、国家旅游局（文化和旅游部）、国家发展改革委、国土资源部等部门陆续发布或联合发布了一系列的政策，为乡村扶贫旅游提供了强有力的政策支持。具体见下表：

2015 年以来我国的乡村旅游扶贫政策

时间、文件名	主要内容
2015 年 1 月，国务院《关于促进旅游改革发展的若干意见》	大力发展乡村旅游。 加强规划引导，提高组织化程度，规范乡村旅游开发建设，保持传统乡村风貌。加强乡村旅游精准扶贫，扎实推进乡村旅游富民工程，带动贫困地区脱贫致富。统筹利用惠农资金加强卫生、环保、道路等基础设施建设，完善乡村旅游服务体系。加强乡村旅游从业人员培训，鼓励旅游专业毕业生、专业志愿者、艺术和科技工作者驻村帮扶，为乡村旅游发展提供智力支持。
2015 年 8 月，国务院《关于进一步促进旅游投资和消费的若干意见》	实施乡村旅游提升计划，大力推进乡村旅游扶贫。 加大对乡村旅游扶贫重点村的规划指导、专业培训、宣传推广力度，组织开展乡村旅游规划扶贫公益活动，对建档立卡贫困村实施整村扶持。到 2020 年，全国每年通过乡村旅游带动 200 万农村贫困人口脱贫致富；扶持 6000 个旅游扶贫重点村开展乡村旅游，实现每个重点村乡村旅游年经营收入达到 100 万元。
2015 年 9 月，《农业部等 11 部门关于积极开发农业多种功能大力促进休闲农业发展的通知》	鼓励利用"四荒地"发展休闲农业，其建设用地指标给予倾斜。 在实行最严格的耕地保护制度的前提下，对农民就业增收带动作用大、发展前景好的休闲农业项目用地，各地要将其列入土地利用总体规划和年度计划优先安排。支持农民发展农家乐，闲置宅基地整理结余的建设用地可用于休闲农业。鼓励利用村内的集体建设用地发展休闲农业，支持有条件的农村开展城乡建设用地增减挂钩试点，发展休闲农业。鼓励利用"四荒地"（荒山、荒沟、荒丘、荒滩）发展休闲农业，对中西部少数民族地区和集中连片特困地区利用"四荒地"发展休闲农业，其建设用地指标给予倾斜。加快制定乡村居民利用自有住宅或者其他条件依法从事旅游经营的管理办法。

---

[1] 同喜，郭永军. 重渡沟景区发展乡村旅游的实践和启示，中国旅游报，2013-06-17.

[2] 2018 年 9 月 13 日，文化和旅游部党组副书记、副部长李金早在湖南省慈利县罗潭村召开全国乡村旅游与旅游扶贫工作推进大会的讲话中提到。

续表

时间、文件名	主要内容
2015年12月,《国土资源部住房和城乡建设部国家旅游局关于支持旅游业发展用地政策的意见》	积极保障旅游业发展用地,加强旅游业用地服务监管。 一要积极保障旅游业发展用地供应。对符合相关规划的旅游项目,各地应按照项目建设时序,及时安排新增建设用地计划指标,依法办理土地转用、征收或收回手续,积极组织实施土地供应,加大旅游扶贫用地保障。支持使用未利用地、废弃地、边远海岛等土地建设旅游项目。在符合生态环境保护要求和相关规划的前提下,对使用荒山、荒地、荒滩及石漠化、边远海岛土地建设的旅游项目,优先安排新增建设用地计划指标,出让底价可按不低于土地取得成本、土地前期开发成本和按规定应收取相关费用之和的原则确定。 二是明确旅游新业态用地政策。在符合相关规划的前提下,农村集体经济组织可以依法使用建设用地自办或以土地使用权入股、联营等方式与其他单位和个人共同举办住宿、餐饮、停车场等旅游接待服务企业。自驾车房车营地项目土地用途按旅馆用地管理,按旅游用地确定供应底价、供应方式和使用年限。
国务院2016年中央一号文件	大力发展休闲农业和乡村旅游。 强化规划引导,采取以奖代补、先建后补、财政贴息、设立产业投资基金等方式扶持休闲农业与乡村旅游业发展,积极扶持农民发展休闲旅游业合作社。引导和支持社会资本开发农民参与度高、受益面广的休闲旅游项目。 加强乡村生态环境和文化遗存保护,发展具有历史记忆、地域特点、民族风情的特色小镇,建设一村一品、一村一景、一村一韵的魅力村庄和宜游宜养的森林景区。依据各地具体条件,有规划地开发休闲农庄、乡村酒店、特色民宿、自驾露营、户外运动等乡村休闲度假产品。实施休闲农业和乡村旅游提升工程、振兴中国传统手工艺计划。 开展农业文化遗产普查与保护。支持有条件的地方通过盘活农村闲置房屋、集体建设用地、"四荒地"、可用林场和水面等资产资源发展休闲农业和乡村旅游。将休闲农业和乡村旅游项目建设用地纳入土地利用总体规划和年度计划合理安排。
2016年3月,发改委等七部门联合印发《关于金融助推脱贫攻坚的实施意见》	精准对接特色产业、重点项目和重点地区等领域金融服务需求。 各金融机构要立足贫困地区资源禀赋、产业特色,积极支持能吸收贫困人口就业、带动贫困人口增收的绿色生态种养业、经济林产业、林下经济、森林草原旅游、休闲农业、传统手工业、乡村旅游、农村电商等特色产业发展。有效对接特色农业基地、现代农业示范区、农业产业园区的金融需求,积极开展金融产品和服务方式创新。
2016年9月,国家旅游局等12个部门制定并印发《乡村旅游扶贫八大行动方案》	确定了乡村旅游扶贫工程的五大任务和提出了将实施乡村旅游扶贫八大行动。 (一)五大任务 1.科学编制乡村旅游扶贫规划,各地要将乡村旅游扶贫规划与国民经济和社会发展规划、土地利用总体规划、县域乡村建设规划、易地扶贫搬迁规划、风景名胜区总体规划、交通建设等专项规划有效衔接,探索"多规合一"。 2.加强贫困村旅游基础设施建设,各地要集中精力解决好乡村旅游扶贫重点村旅游基础和公共服务设施,完善乡村旅游服务体系。 3.大力开发乡村旅游产品,挖掘文化内涵,开发形式多样、特色鲜明的乡村旅游产品。 4.加强重点村旅游宣传营销,各地要因地制宜,加大对旅游扶贫重点村的宣传推介,通过电商平台、节庆推广、主题活动等一系列载体,开展乡村旅游扶贫公益宣传。 5.加强乡村旅游扶贫人才培训,各地要创新乡村旅游人才培养方式,积极开展乡村旅游经营户、乡村旅游带头人、能工巧匠传承人、乡村旅游创客四类人才和乡村旅游导游、乡土文化讲解等各类实用人才培训,依靠人才支持和智力投入促进乡村旅游发展。 (二)八项行动 1.乡村环境综合整治专项行动 2.旅游规划扶贫公益专项行动 3.乡村旅游后备箱和旅游电商推进专项行动 4.万企万村帮扶专项行动 5.百万乡村旅游创客专项行动 6.金融支持旅游扶贫专项行动 7.扶贫模式创新推广专项行动 8.旅游扶贫人才素质提升专项行动

续表

时间、文件名	主要内容
2016年12月，国务院印发《"十三五"脱贫攻坚规则》	在产业发展脱贫的规划中，提出了旅游扶贫的详细措施。 1. 因地制宜发展乡村旅游 开展贫困村旅游资源普查和旅游扶贫摸底调查，建立乡村旅游扶贫工程重点村名录。以具备发展乡村旅游条件的2.26万个建档立卡贫困村为乡村旅游扶贫重点，推进旅游基础设施建设，实施乡村旅游后备箱工程、旅游基础设施提升工程等一批旅游扶贫重点工程，打造精品旅游线路，推动游客资源共享。安排贫困人口旅游服务能力培训和就业。 2. 大力发展休闲农业 依托贫困地区特色农产品、农事景观及人文景观等资源，积极发展带动贫困人口增收的休闲农业和森林休闲健康养生产业。实施休闲农业和乡村旅游提升工程，加强休闲农业聚集村、休闲农业园等配套服务设施建设，培育扶持休闲农业新型经营主体，促进农业与旅游观光、健康养老等产业深度融合。引导和支持社会资本开发农民参与度高、受益面广的休闲农业项目。 3. 积极发展特色文化旅游 依托当地民族特色文化、红色文化、乡土文化和非物质文化遗产，大力发展贫困人口参与并受益的传统文化展示表演与体验活动等乡村文化旅游。坚持创意开发，推出具有地方特点的旅游商品和纪念品。支持农村贫困家庭妇女发展家庭手工旅游产品。
2017年2月，国务院2017年中央一号文件	大力发展乡村休闲旅游产业，扎实推进脱贫攻坚。 充分发挥乡村各类物质与非物质资源富集的独特优势，利用"旅游+""生态+"等模式，推进农业、林业与旅游、教育、文化、康养等产业深度融合。 丰富乡村旅游业态和产品，打造各类主题乡村旅游目的地和精品线路，发展富有乡村特色的民宿和养生养老基地。鼓励农村集体经济组织创办乡村旅游合作社，或与社会资本联办乡村旅游企业。多渠道筹集建设资金，大力改善休闲农业、乡村旅游、森林康养公共服务设施条件，在重点村优先实现宽带全覆盖。 打造"一村一品"升级版，发展各具特色的专业村。支持有条件的乡村建设以农民合作社为主要载体、让农民充分参与和受益，集循环农业、创意农业、农事体验于一体的田园综合体，通过农业综合开发、农村综合改革转移支付等渠道开展试点示范。深入实施农村产业融合发展试点示范工程，支持建设一批农村产业融合发展示范园。
2017年5月，财政部、农业部联合下发《关于深入推进农业领域和社会资本合作的实施意见》	将农业田园综合体作为聚焦重点，推进农业领域PPP工作。 支持有条件的乡村建设以农民合作社为主要载体、让农民充分参与和受益，集循环农业、创意农业、农事体验于一体的田园综合体。 财政部与农业部联合组织开展国家农业PPP示范区创建工作。各省（区、市）财政部门会同农业部门择优选择1个农业产业特点突出、PPP模式推广条件成熟的县级地区作为农业PPP示范区向财政部、农业部推荐。 财政部、农业部将从中择优确定"国家农业PPP示范区"。国家农业PPP示范区所属PPP项目，将在PPP示范项目申报筛选和PPP以奖补资金中获得优先支持。充分发挥中国PPP基金和各地PPP基金的引导作用，带动更多金融机构、保险资金加大对农业PPP项目的融资支持。

续表

时间、文件名	主要内容
2017年5月，农业部办公厅印发《关于推动落实休闲农业和乡村旅游发展政策的通知》	旨在促进引导休闲农业和乡村旅游持续健康发展，加快培育农业农村经济发展新动能，壮大新产业新业态新模式，推进农村一二三产业融合发展。 在用地政策上，争取将休闲农业和乡村旅游项目建设用地纳入土地利用总体规划和年度计划合理安排。要支持有条件的地方发展休闲农业和乡村旅游。 在财政政策上，要鼓励各地整合财政资金，将中央有关乡村建设资金向休闲农业集聚区倾斜。 在金融政策上，要创新担保方式，搭建银企对接平台，鼓励担保机构加大对休闲农业和乡村旅游的支持力度，帮助经营主体解决融资难题。 在公共服务上，要从规划引导入手，积极推进"多规合一"，将休闲农业和乡村旅游开发纳入城乡发展大系统中，打造产业带和产业群。 在品牌创建上，要按照"3+1+X"的品牌培育体系，在面上继续创建全国休闲农业和乡村旅游示范县（市、区），在点上继续推介中国美丽休闲乡村，在线上重点开展休闲农业和乡村旅游精品景点线路推介，吸引城乡居民到乡村休闲消费。
2017年6月，农业部办公厅和中国农业发展银行办公室联合印发《关于政策性金融支持农村一二三产业融合发展的通知》	支持农业多种功能开发，增加农村产业融合发展拓展力。 一是运用农业资源优势发展特色旅游产业。依托田园风光、乡土文化、农耕体验等资源特色，积极支持宜居宜业特色村镇建设、乡村休闲旅游产业和休闲农业发展、红色旅游、教育基地建设和农业生态旅游开发等，围绕有基础、有特色、有潜力的产业，推动农业与休闲旅游、教育文化、健康养老等产业深度融合，支持打造农业文化旅游"三位一体"、生产生活生态同步改善、一二三产业深度融合的特色旅游小镇、特色旅游景区景点以及生态建设项目。 二是加大力度支持贫困地区农业绿色生态功能开发。发挥生态扶贫在产业融合中的促进作用，鼓励引导贫困农民、林区贫困职工利用当地生态资源，大力发展特色农业、乡村旅游等绿色产业。
2018年1月，国家旅游局、国务院扶贫办印发《关于支持深度贫困地区旅游扶贫行动方案》	到2020年，"三区三州"等深度贫困地区旅游扶贫规划水平明显提升，基础设施和公共服务设施明显改善，乡村旅游扶贫减贫措施更加有力，乡村旅游扶贫人才培训质量明显提高，特色旅游产品品质明显提升，乡村旅游品牌得到有效推广，旅游综合效益持续增长，旅游扶贫成果不断巩固，乡村旅游在带动和促进"三区三州"等深度贫困地区如期脱贫中发挥有效作用。
2018年10月，发改委等13部门印发《促进乡村旅游发展提质升级行动方案（2018—2020年）》	加大对贫困地区旅游基础设施建设项目推进力度。实施"三区三州"等深度贫困地区旅游基础设施改造升级行动计划，在"十三五"文化旅游提升工程中增补一批旅游基建投资项目，专项用于支持"三区三州"等深度贫困地区旅游基础设施和公共服务设施建设。

续表

时间、文件名	主要内容
2019 年 1 月国务院办公厅印发《关于深入开展消费扶贫助力打赢脱贫攻坚战的指导意见》	加大基础设施建设力度。改造提升贫困地区休闲农业和乡村旅游道路、通村公路、景区景点连接线通行能力，提升交通通达性和游客便利度。结合推进农村人居环境整治，提升休闲农业、乡村旅游基础设施和公共服务设施水平，对从事休闲农业和乡村旅游的贫困户实施改厨、改厕、改客房、整理院落"三改一整"工程，优化消费环境。加大对休闲农业和乡村旅游基础设施建设的用地倾斜。依托贫困地区自然生态、民俗文化、农耕文化等资源禀赋，扶持建设一批设施齐备、特色突出的美丽休闲乡村（镇）和乡村旅游精品景区等，满足消费者多样化需求。 提升服务能力。依托东西部扶贫协作和对口支援、中央单位定点扶贫等机制，动员相关科研机构和高等院校，通过"请进来""走出去"等方式，帮助贫困地区培训休闲农业和乡村旅游人才，提供营销、服务、管理指导。支持贫困人口参加相关专业技能和业务培训，提升服务规范化和标准化水平。鼓励贫困地区组建休闲农业和乡村旅游协会、产业及区域品牌联盟等组织，形成经营主体自我管理、自我监督、自我服务的管理服务体系。 做好规划设计。加强对贫困地区休闲农业和乡村旅游资源调查，深入挖掘贫困地区自然生态、历史文化、地域特色文化、民族民俗文化、传统农耕文化等资源，因地制宜明确重点发展方向和区域。动员旅游规划设计单位开展扶贫公益行动，为贫困地区编制休闲农业和乡村旅游规划，鼓励旅游院校和旅游企业为贫困地区提供旅游线路设计、产品开发、品牌宣传等指导。 加强宣传推介。支持贫困地区组织开展休闲农业和乡村旅游相关主题活动。组织各类媒体安排版面时段，运用新媒体平台，分时分类免费向社会推介贫困地区精品景点线路。大力发展"乡村旅游＋互联网"模式，依托电商企业等载体，开展多种形式的旅游扶贫公益宣传，集中推介一批贫困地区休闲农业和乡村旅游精品目的地。

　　2013 年，习近平总书记在湖南湘西十八洞村调研时首次提出"精准扶贫"的思想。随后，全国上下掀起了学习宣传贯彻落实习近平总书记精准扶贫思想的热潮。传统旅游扶贫对象不明确，缺乏针对性和长期性的帮扶政策，扶贫过程中缺乏监管，无法带动更多贫困地区和贫困人口脱贫。[1] 乡村旅游精准扶贫则是"利用贫困乡村现有的生态资源、民俗文化、农村劳动力，通过基础设施建设、民俗文化包装、农产品推广、特色旅游营销，将乡村打造成为乡村旅游目的地，吸引旅游者消费，带来经济创收，为贫困农民提供就业岗位、传播农村民俗文化、实现农村产业循环的一种自给自足的扶贫模式"[2]。2014 年，《关于促进旅游业改革发展的若干

---

① 庄伟光，邹开敏 . [J] . 广东经济，2018（7）：52–59.
② 马勇，张梦 . 乡村旅游助推乡村振兴的价值提升 [J] . 旅游导刊，2019，3（1）.

意见》（国发〔2014〕31 号）中首次提出了"加强乡村旅游精准扶贫，扎实推进乡村旅游富民工程，带动贫困地区脱贫致富"的乡村旅游发展路径。乡村旅游精准扶贫是一项能够让农民实现脱贫、走向致富的利民工程、民心工程，对于我国打赢扶贫攻坚战具有非常重要的作用，是在旅游发展领域对习近平总书记精准扶贫思想的践行。

聚集高素质专业人才组织的介入是提升乡村旅游扶贫的层次和绩效的有效途径。武汉大学胡柳博士论文《乡村旅游精准扶贫研究》里认为："社会精英和专业乡村建设组织的介入大大提升了乡村旅游扶贫开发的层次和绩效，他们正在迅速改变中国空心村的面貌，让几乎快被农民抛弃的、寂寥的、几近凋零的乡村重焕生机与活力，变成让城市精英也无限眷恋的美丽家园。""半公益的第三方组织不仅比纯粹以营利为目的的旅游开发商介入乡村旅游扶贫绩效更好，甚至比纯公益的第三方组织更理想，因为纯粹最慈善，常常是短期扶助，不利于建立乡村旅游扶贫的长效机制，而这种半公益的第三方组织，以旅游扶贫建设美丽乡村为宗旨，同时可以有少量盈利维持组织运转，这种方式更持续，而且可以与扶贫创业、文化创意结合起来，更容易落地和可持续，是一种可以大规模复制、可操作性较强的扶贫方式。"胡柳（2016）总结了这种乡村旅游扶贫的 3 种有效模式，具体如下表[①]：

---

① 胡柳. 乡村旅游精准扶贫研究 [D].武汉大学，2016.

国内乡村旅游扶贫的 3 种有效模式

名称、特点	主要内容	主要绩效
福建培田"耕心乡村共创"模式——乡村民宿和乡村众创空间是其核心产品	车明阳,毕业于香港大学,后游学斯坦福,拿了最高学位荣誉,商业案例大赛全球总冠军。车明阳返乡后,成立"耕心乡村共创",致力于改造美好乡村。 "耕心乡村共创"以互联网共享经济时代的众筹共创方法为驱导,培田文化为内核,资源为基础,对接外部建筑、设计、文化、生态等资源。通过内外平等开放的合作平台,激活本土资源,发展乡村经济,释放传统文化价值,让培田成为中国本土文化创意的摇篮,圆中国人一个回归故乡的梦想。 耕心乡村共创组织主要通过以下四种方式来打造培田村:众创空间、乡村精品民宿打造和管理、乡村旅游＋文化创意、培田文化创意和精品农业产品打造输出。	获得十大"中国最美的历史文化名村(镇)"之一、"中国最美休闲乡村"等十几项国家级、省级奖项。在满足外界和村民基于乡村资源的发展需求的同时,在本地形成极具培田特色的乡居产业,同时对外辐射文化创意和生态经济影响力。
河南省信阳市郝堂村模式——引进了专业的乡村建设机构	2011 年,成立了信阳平桥区政府、郝堂村和北京绿十字生态文化传播中心组成的平桥实验区建设领导小组与村实验区建设领导小组。 该项目开展的工作包括以下 12 项内容:村庄整体规划;为郝堂村及周边村提供了建设规划平面图;道路改造、水系改造与乡村桥梁建设;鼓励更多的村民加入"夕阳红养老资金互助合作社"这一村民自治合作组织;将 80 亩水稻改荷塘展示生态观光农业的优势效应的景观设计;建设和营造茶文化的氛围与景观农业;资源分类工作;修建了资源分类中心,开始了家庭垃圾分类工作,建立了常规化的垃圾分类运行机制,村庄环境面貌焕然一新;改建的郝堂村小学成了村标志性建筑和农民有机种植、垃圾分类、环境教育培训等培训场所;完成了 100 户群众改水改厕工程;开展"健康服务进家庭"的工作;制定了村规民约,增加了乡村的凝聚力。	2013 年 1 月 4 日《人民日报》第 2 版新开辟《美丽中国——寻找美丽乡村》栏目,第一篇就刊登了《郝堂画家画出的小村》。 2015 年 8 月 2 日中央电视台"新闻联播"播出:河南信阳市平桥区郝堂村在新农村建设中依托现有山水,因地制宜,打造了一个原汁原味的美丽村庄。古朴的民居、整洁的街道,吸引了越来越多的城里人到郝堂村感受农家风情。
西安蓝田模式——社会精英的介入	马清运,陕西蓝田人,从清华大学建筑系毕业后就去了美国留学,2007 年当上了美国南加州大学建筑学院院长。 1999 年,马清运开始用当地最常见的材料:石头和竹节板给父亲盖房子,房子的名字叫"父亲的宅"。父亲的宅后来成了他最为被外界所知的作品,它被日本优秀的专业建筑杂志《A＋U》评为"全世界最好的住宅"之一。之后马清运又建设了葡萄园、酒厂、酒窖和一座叫"井宇"的精品酒店。2015 年,马清运和设计师 Maggie 徐迅君以 20 年的租期,租下了蓝田县玉山镇的一座空置宅院,用来打造"田园创客"。	小村慢慢变成了一个旅游休闲目的地。变成让城市精英也无限眷恋的美丽家园,成为设计师们和创新创意一族最喜欢的工作、生活场所。

二、乡村景观美学

（一）乡村旅游景观美学设计的原则

"乡村"是与"城市"相对的概念。乡村地区是受城市或者城镇影响较小的分散式定居区域，呈现出农业、林业、畜牧业、渔业等生产性景观，人们居住在村庄、农场和其他偏远独立的房子里。该区域可能兼具城市和乡村的特征，如城乡接合部。乡村主要包括五个因素：广义的农业（农林牧副渔）产业、农村居民、农村社会生活、农村生态环境、乡村文化。山、水、田、林、湖等生态是基础，生产是主干，生活是内涵，生命是灵魂，总体构成"四生一体"格局。其中，农业生产方式是最主要的因素，由农业生产方式带来了与城市不同的乡村生活方式。

党的十九大报告提出实施乡村振兴战略，要坚持农业农村优先发展，按照"产业兴旺、生态宜居、乡风文明、治理有效、生活富裕"的总要求，全面推进乡村复兴。讲的是乡村振兴，不是农村振兴，乡村与农村一字之差，区别在哪里？

农村更突出农村是搞农业的地方，是农民生产生活的地方，乡村振兴更突出地域概念，不光是农业，乡村不能只搞农业，而且乡村今后也不光是农民生产生活居住的地方。像法国的乡村，居住在法国乡村非农民占三成，这叫逆城镇化，我们的逆城镇化也会到来。乡村既包含"三农"（农业、农村、农民）概念，但是更突出了地域性、社会性、文化性。乡村振兴包括了乡村的全面振兴，内涵比"新农村建设"更加丰富，要求也更高。乡村振兴战略体现了"五位一体"（经济建设、政治建设、文化建设、社会建设、生态文明建设）总体布局在我国乡村地区的贯彻落实，也是实现中华民族复兴"中国梦"的一个重要组成部分。

（1）乡村景观

乡村景观是指出现在乡村而不同于城市景观和自然景观的一种特殊的景观，它结合了乡村当地的自然和人文资源，是在历史的长河中经过沉淀而缓慢形成的。它不是城市景观的复制品，而是乡村建设规划中最值得保留的景观文化。乡村景观是在世界上出现最早并且遍及范围最广的一种景观类型，也是我国乡村建设的重要内容以及乡村可持续发展的核心问题之一。

（2）乡村景观的构成

乡村景观包括自然田园、乡土人文、手工技艺、科学技术、自然材料等，具体如下。

①农田：菜田、农地、篱舍、乡村集会场所等。

②村落：仓储库、房屋、储藏室、绿化篱笆、庭院树木。

③道路：农田道路、参拜道路。

④河流：自然河流、水道、池塘。

⑤树林：神社树林、城郊山林、杂木林。

⑥村祠、水井、碑石、石垒墙、石堆、风景树林、路边树、木架桥。[1]

⑦民间手工艺。

⑧民风民俗。

（3）乡村景观的审美特征

①天人合一的自然美。

②乡土民俗的风情美。

③绿色生态的健康美。

④村落建筑的人文美。

（4）乡村景观的美学价值

①美的环境具有观赏价值。

---

[1]　巫思超.基于美学指导下的美丽乡村景观设计实践——以晋江市紫帽镇金星村为例［D］. 福州大学硕士学位论文，2017.

②美的环境能让人诗意栖居。

③美的景观能给人带来快乐。

④美的景观能提升商品价值。

⑤美的健康环境能创造生命价值。①

（5）乡村旅游景观美学设计的原则

①保护自然生态环境的设计原则。

②尊重乡村地域特色的设计原则。

③经济、实用、美观的设计原则。

④突出主题形象的设计原则。

⑤彰显人性化的设计原则。

⑥可持续发展的设计原则。

（二）乡村旅游景观美学设计的途径

1.打造乡村景观之美

乡村景观以乡村丰富的自然景物、地域文化及乡情民俗为主要载体，恬淡宁静、原始纯朴、鸟语花香、麦香四溢的乡村景象才对人们，尤其是城市居民，产生强烈的审美吸引力。

乡村景观吸引力构成要素可由视觉景观和声音景观来呈现。视觉景观即通过人们的眼睛观看到乡村的景物而产生美感在大脑中留下深刻的印象，可分为乡村聚落景观、乡村田园景观、乡村建筑景观、乡村庭院景观、乡村文化景观等。乡村聚落景观是乡村的整体景观，代表乡村的整体形象。乡村田园景观即传统意义上的劳作场所，生产作物、农具等农耕文化的体现。乡村建筑景观承载了村落文化和时代烙印。乡村庭院景观是乡村建筑外围的生活休闲场所。乡村文化景观展现人类活动的历史记录以及文化传承，是乡村的灵魂所在。

声音景观由一系列声音元素构成的可感知现象，可分为自然音、人工音和活动音。自然音是生物所处自然环境中能听到的所有天然

---

① 顾小玲.新农村景观设计艺术［M］.东南大学出版社，2011：26-32.

声音组合，如水响风声、虫啼鸟鸣等。人工音是人类通过一定技术所创造出的虚拟声音环境和优美音乐氛围，如广播喇叭、背景音乐等。活动音即群体社会音，是人类在沟通和活动中所产生的声音，如孩童嬉戏声、脚步声、鸣笛声等。合理有效地设计声音景观，能够让人们更完整、更全面地体验乡村的景观效果，增强乡村景观的表现力和感染力。[①]

2.彰显乡村环境之美

比乡村景观之美更广泛的美是乡村环境之美。

环境，是人类在实践中与之发生关系并与之相互影响的外部世界。环境可分为自然环境和人文环境。自然环境即由日光、空气、土地、生物、水体、植被等自然物质构成的外部系统；人文环境则指上述系统中浸透了人的要求、人类的历史、人类的文化以及人的力量而更加适合人的生存与生活需要的外部物质世界。比如，"小桥流水人家"这句话就包括了乡村环境中的自然环境"流水"，以及人文环境"小桥""人家"。自然山水环境与人文环境共同构成了乡村环境。

如果说乡村景物之美是"美人"的五官，那么乡村环境之美则是"美人"的躯体。乡村环境之美有别于城市环境之美，不同于城市的高楼林立、车水马龙、人声喧闹、空间逼仄，要让人看得见山，望得见水，记得住乡愁，念念不忘乡情。

乡村环境之美的表现包括以下几个方面。

（1）天人合一之自然美。

（2）阴阳有序之秩序美。

（3）生物多样之生境美。

（4）四季变幻之时令美。

（5）十里不同俗之民俗美。

（6）底蕴淳厚之人文美。

---

① 朱洪端，曾维静，李晓军.乡村旅游景观吸引力的构成要素及提升路径研究［J］.度假旅游，2019（3）.

3.凸显乡村意境之美

乡村意境是指在融合场所所在地的自然环境与人文环境以及建筑风格的基础上，充分利用地方材料或乡土元素，营造出具有自然野趣、田园意境、地方特色、乡土气息的一种有意味的乡村生活境况。乡村意境体现一种淡雅平和的生活方式，注重自然景观意境的塑造和乡土文化的表达。乡村意境的典型特征是乡土性和生态性。其哲学基础是中国人固有的天人合一的自然观和阴阳有序的环境观。乡村意境实际上是营造一种氛围，来唤起人们的记忆。即是一种时间的空间化，把时间长河中的历史风格、样式、事件通过人类的记忆重新编排组合，在同一空间组合中呈现出来。①

乡村意境可以分为以下几种类型：诗境，画境，禅境，桃花源境，人间烟火味境，乡愁情境。

（1）诗境

清新宁静的田园，淳朴的农家气息，悠闲安逸的生活方式，令人获得心灵的自由，产生归隐田园的怦然心动。这就是人们常说的"诗意地栖居"的理想意境。

唐代诗人孟浩然的《过故人庄》描绘了诗意田园的意境美。

> 故人具鸡黍，邀我至田家。
>
> 绿树村边合，青山郭外斜。
>
> 开轩面场圃，把酒话桑麻。
>
> 待到重阳日，还来就菊花。

（2）画境

"如画"美学是人类的一个十分古老的审美传统，中外皆然。如画美学范式强调突出视觉性美学特点，突出景观优美的一面，强调其视觉、静态、单调、固定的形式因素，重视景观的图画性和引人注目的特征，重视视觉质量。西方美学家指出，如画美是优美的一

种，又在一定程度上表现出崇高的粗糙和不规则性，主要美学特质是宁静、闲适、不规则、不对称、若隐若现、出其不意、自然而然。让人好似身处风景画中一样，既让原住民拥有美丽生活环境，也让游客产生前来观光游览的冲动，游后还乐意以文学、绘画、摄影、视频等形式向外界传播，为该地充当免费宣传员。

英国"湖畔派诗人"的代表华兹华斯在名为《我孤独地漫游，像一朵云》的诗中，写道：

> 我孤独地漫游，像一朵云
> 在山丘和谷地上飘荡，
> 忽然间我看见一群
> 金色的水仙花迎春开放，
> 在树荫下，在湖水边，
> 迎着微风起舞翩翩。
> 连绵不绝，如繁星灿烂，
> 在银河里闪闪发光，
> 它们沿着湖湾的边缘
> 延伸成无穷无尽的一行；
> 我一眼看见了一万朵，
> 在欢舞之中起伏颠簸。

这首《我孤独地漫游，像一朵云》诗中有画，展现了诗人在自然中的一次精神之旅。诗人描写了自己孤独地漫步在山野田间时，突然发现开放在溪流旁、树荫下一簇一簇芬芳美丽的水仙花，它们如银河中的星星绵延不绝，在微风中摇曳，这样美丽的自然风光给诗人留下了美好的回忆，每当心情失落，感到孤单的时候，想起水仙花的美丽，内心所有的阴郁都会一扫而空。诗人通过描写水仙花这一自然景物，抒发了对自然的赞美和热爱之情。诗歌表达了诗人对自然的热爱与崇拜，蕴含着人类只有回归到自然中才能得到心灵的平静、才能找到真正的快乐的哲理。

中国"诗仙"李白在《下终南山过斛斯山人宿置酒》一诗中吟道：

暮从碧山下，山月随人归。

却顾所来径，苍苍横翠微。

相携及田家，童稚开荆扉。

绿竹入幽径，青萝拂行衣。

欢言得所憩，美酒聊共挥。

长歌吟松风，曲尽河星稀。

我醉君复乐，陶然共忘机。

李白此诗写景如画，景物清丽明秀；言情婉转，人物形象逼真，

呼之欲出；情与景、人与境浑然一体。意境清幽恬静而又带有飘逸之气。

如画之境直观地传达了乡村之美，赏心悦目，引人无限遐想，对于创造一个乡村旅游目的地会起到重要作用，叫人一眼难忘，魂牵梦萦。

（3）禅境

禅境是中国人特别钟情的意境之一，也是乡村景观中最诱人的景观元素之一。乡村具有营造禅境的独特资源和环境优势，如果创设得当，乡村禅境将会成为乡村旅游产品的一大亮点，开发价值是非常大的。

禅，是梵文"禅那"的简称，意译为"思维修"，即运用思维活动的修持。禅门中有一段典故，后人称为"拈花微笑"，它集中概括了禅宗"不立文字，教外别传"的宗旨；加上后来的"直指人心，见性成佛"，这十六字构成了禅宗的要义。

禅宗是佛教中国化的重要体现，其中"禅"的精神和意境更是中国文化的精神共享资源。因此，禅境空以"禅"的境界为主，目的是让当代人的心灵和精神世界更加丰满，在精神上给予我们一定的慰藉和归属感。

禅意景观具有"幽""闲""静""趣""新"五大特点。

①"幽"：唐代诗人常建的作品很好地表达了"幽"境。《题破山寺后禅院》："清晨入古寺，初日照高林。曲径通幽处，禅房花木深。山光悦鸟性，潭影空人心。万籁此都寂，但余钟磬音。"常建的"曲径通幽"与陶渊明的"桃花源"一样都是幽境的形象表达。

②"闲"："闲"是追求潇洒闲逸的生活态度。"宠辱不惊，闲看庭前花开花落。去留无意，漫随天外云卷云舒。"（出自陈继儒《幽窗小记》）目的是让人们从世俗的烦恼中暂时脱离出来，精神得到一时的缓解和抚慰。苏轼《浣溪沙》词云："细雨斜风作晓寒，淡烟疏柳媚晴滩。入淮清洛渐漫漫。雪沫乳花浮午盏，蓼茸蒿笋试春盘。

人间有味是清欢。"这首词描写的是苏轼与友人同游南山，友人在郊外用清茶野菜招待他，苏轼倍感有味，有山有景有清茶，感慨世间最有滋味的还是清闲的快乐与满足吧！

③"静"：禅宗追求"清静心"。只有止息杂念，心灵回复宁静，才能洞察世间的真谛。苏州拙政园有个"雪香云蔚亭"，亭内有一副对联："蝉噪林愈静，鸟鸣山更幽。"刘禹锡的诗写道："众音徒起灭，心在静中观。""静中观"是禅宗的修行方式之一。"诗佛"王维的《鹿柴》中云："空山不见人，但闻人语响。返景入深林，复照青苔上。"从这些诗中，我们能真切地感受到一种完全摆脱尘世之累的宁静心情，欣赏到在空寂时方能体察到的隐含自然生机的空静之美。所以，在喧嚣中寻觅或者营造一处宁静的场所，是体验禅意的必备条件。乡村田园和村落是非常适合于营造这样的禅静环境的，如果营造得以成功，将成为高素质的旅游者向往的地方。

④"趣"：禅意是幽远深奥的，但是禅也有禅趣，并非总是枯燥乏味的说理教化。"佛祖拈花，迦叶微笑"，"一花一世界，一叶一菩提"，引人喜爱，启人沉思。禅宗并非只引导人们去往彼岸世界，也充满非常丰富的生活情趣。禅宗追求的自由、洒脱、超然、淡泊、机智、天人合一的生活方式，体现世间美好的一面。司空图《二十四诗品·实境》写道："清涧之曲，碧松之阴。一客荷樵，一客听琴。情性所至，妙不自寻。"田园生活的"耕读渔樵"都与禅趣密不可分，也与文人雅趣融为一体，所谓"渔樵耕读风花雪，琴棋书画梅兰竹"，禅趣与文心水乳交融，妙趣横生。乡村中的点滴禅趣正是它最有魅力的地方之一。如果在乡村中打造"禅屋""禅院""禅景""禅茶""禅乐"等禅趣产品，使得农禅一体，将会是非常吸引人的。

⑤"新"：禅的"新意"是"有心栽花花不开，无心插柳柳成荫"，既在情理之中又在意料之外的新奇之美；是"山重水复疑无路，柳暗花明又一村"的别开生面之美；是"行到水穷处，坐看云

起时"的豁然开朗之美。禅宗的"新意"都是智慧的结晶。禅的智慧是我们从事乡村文化创新的文化宝藏，值得深入挖掘利用。

（4）桃花源境

陶渊明在《桃花源诗并记》中向世人勾勒了他心中的"世外桃花"。这个如同梦境一般的"理想国"是一个没有剥削压迫，人人自由平等，自食其力，安乐祥和的社会。当然，也是一个稍纵即逝，难得一见而又再难寻觅的奇幻之境。但是，陶渊明描述的"桃花源"早已深入人心，成为中国人心中美好生活的象征，一代一代憧憬着，并为之不懈奋斗着。

这里不仅有"芳草鲜美，落英缤纷"的自然风景，而且还有平和宁静、真诚质朴的社会风气。其中没有战乱、没有赋税、没有沽名钓誉和钩心斗角，人们男耕女织，依靠自己的双手创造幸福生活。《桃花源记》看似只是在描写一个虚构出的小村落，实际上它是作者在当时战乱频繁、民不聊生的社会背景下对于社会的出路和人民的幸福所做出的深刻思考，其理论基础来自先秦道家"道法自然""无为而治"的哲学理念。[①]

桃花源在哪里？不止在诗里，不止在小说、舞台、电影电视里，人们执意想在现实社会里找到桃花源，甚至在世界的某个角落根据自己的想象创造桃花源，于是中国大江南北涌现出了无数个自称是桃花源的地方，并深信自己才是正宗的桃花源，论证某地才是陶渊明的桃花源的原型。实际上，如果你能让梦想变成现实，你说它是，它就真是了。

（5）人间烟火味境

当代散文家张峪铭在《炊烟，乡村的坐标》一文中写道："就拿炊烟说吧，自人类用火始，就伴随着乡村走过几千年吧，不知从什么时候飘着飘着，就与乡村走散了。如果时光可以倒流，炊烟是每

---

① 何艳珊.乡愁乌托邦的文化基础——"美好生活"建设的中国传统文化资源［J］.民族艺术，2019（1）.

个乡村的一道特有的风景。那鳞次栉比的粉墙黛瓦之间，缕缕炊烟起，暮色如笼纱，鸡进窝棚，黄犬归家，一切都是那么静谧安详。炊烟散发的烟火味，是乡村最为温暖的人间至味。……我之所以说炊烟是坐标，是因为家家户户树立的烟囱，就像一个个坐标点，且顺着天空的炊烟，你就能找到那低矮的青砖瓦屋或茅屋土房。小时候，我就是从炊烟中找到外婆家的方向的。"①

红红火火、五味杂陈的人间烟火气，是乡村最朴素动人的一个面相。

（6）乡愁情境

杜甫的名句"露从今夜白，月是故乡明"写出了游子内心深处的乡愁、乡恋、乡情。家乡变故乡，从乡关故园的出离一刻即让人生出了"恰似一江春水"的乡愁、乡恋、乡情。乡愁情结的日益扩张是当代最主要的文化现象之一，从而即使提出一个"乡愁美学"的概念也不为过。

乡愁是什么？乡愁是家乡萋萋的芳草、暖暖的斜阳、慵懒的小猫和那"梨花院落溶溶月，柳絮池塘淡淡风"，还有那群小伙伴成群结队的嬉戏打闹……每个人心里都有属于自己的乡愁，各个不同。在余光中先生眼中，乡愁是邮票……和浅浅的海峡；在习近平总书

---

① 张峪铭.炊烟，乡村的坐标［J］.安徽作家，2018（3）.

记眼中，乡愁就是你离开这个地方就会想念这个地方。但是，乡愁又有一样的地方。它是每一个游子茶余饭后的淡淡想念，是工作劳作、学习之余挥之不去的愁肠相思。

自从习近平总书记提出"望得见山、看得见水、记得住乡愁"的号召以后，"乡愁"之美又上升到一个新高度。

习近平总书记于 2013 年 12 月 12—13 日召开的中央城镇化工作会议上提出："城镇建设，要实事求是确定城市定位，科学规划和务实行动，避免走弯路；要体现尊重自然、顺应自然、天人合一的理念，依托现有山水脉络等独特风光，让城市融入大自然，让居民望得见山、看得见水、记得住乡愁。"

2015 年 1 月，习近平总书记在云南考察工作时说到他对乡愁的理解："乡愁就是你离开这个地方就会想念这个地方"。习近平总书记看到村民家的房子雕梁画栋，院落干净整洁，植物生机勃勃，一家七口"四代同堂"，说："这里环境整洁，又保持着古朴形态，这样的庭院比西式洋房好，记得住乡愁。"

2015 年 6 月，习近平总书记到贵州遵义花茂村考察。路旁田里，连片的向日葵花开得正艳，总书记下车驻足欣赏。当地干部介绍说，伴随美丽乡村建设，山花繁茂的花茂村成了婚纱拍照地，不少附近的市民结婚都到这来。沿着土墙和木栏相伴的乡村小径，总书记边走边询问当地脱贫致富情况。看到鲜花盛开，道路两旁的房子干净整洁，他有感而发地说："怪不得大家都来，在这里找到乡愁了。"

留住传统文化，尊重农村固有习俗，在保留原汁原味乡村文化的基础上，让农村旧貌换新颜；发展农业，尊重农业发展规律，让农业发展更加多元化；尊重农民，留住农民，实现资源配置平衡。农业、农村、农民，各安其位，让农业成为有奔头的产业，让农村成为安居乐业的家园，让农民成为受人尊敬的职业才不会落空。留住乡村，振兴乡村才有足够的底气；留住乡愁，振兴乡村才会有依归。这是走中国特色社会主义乡村振兴道路的先决条件。①

（三）乡村旅游景观美学设计的手法

这里从实用性、可借鉴的角度出发，介绍 10 种常见的乡村景观设计手法，笔者在规划设计工作中称之为乡村景观的十大"标配"。当然，可根据实际需要，将"标配"清单增加到 15 个、20 个之多，并进行适当的改造、创新，使你创设的乡村景观更接地气、更加美丽。

1. 文化墙

文化墙是美丽乡村一道亮丽的风景线。文化墙作为传播精神文明的重要阵地和信息平台，以乡风文明建设为着力点，将文化墙与农村基础设施建设、生态工程建设和文明创建活动有机融合，积极传递善行义举文化思想，继承和弘扬正能量，使群众在潜移默化中形成文明新风尚。在美化、亮化上下功夫，让多彩"文化墙"走进百姓生活中，图文并茂，弘扬传统文化，传递社会正能量，推动乡村文化建设。

2. 某家大院

有故事的乡村旅游才有灵魂。电视剧《乔家大院》，带火了沉

---

① 夏向阳，肖文. 留住乡愁，振兴乡村——中央农村工作会议精神有感，中国台湾网 http://www.taiwan.cn/plzhx/zhjzhl/zhjlw/201801/t20180110_11889155.htm.

寂百年的乔氏旧居。一个像样的村落，应有一座有故事的某个家族的老院子，作为村落的核心吸引力。

3. 祠堂

可以通过祠堂修缮、族谱修订等方式，将祠堂、宗祠融入乡村旅游中，并设计成一个参观项目，使游客体验到乡村文化中"人"的代际和情感的延续。

4. 水车

水车曾经作为一种农业灌溉工具，对农业发展起到了十分重要的作用。而今，古老的水车逐渐成为一种旅游符号，被赋予了更多的旅游内涵，给乡村增添了不少趣味。

5. 水井

水井自发明以来，就成为中华民族繁衍生息的重要水源之一。使用同一口公共水井的村民们，因水井而相互交流、互相帮助，增强了村民间的凝聚力、集体观念。人们常把水井比作家乡，称为"乡井"，远离故乡叫"背井离乡"。现在，农村大多用上了自来水，水井已经没有多大的实际用处。但是，水井作为农耕生活的代表性物件，作为乡愁的最佳符号之一，成为乡村美学设计的重要元素。镶嵌在村庄上的水井，更像只透射着光芒的眼睛，守望着村庄。

6. 石磨、碾子

过去人们用石磨、碾子来加工粮食、豆浆。石磨、碾子虽然早已退出了乡村生活的历史舞台，但其作为乡村记忆的载体依然具有重要的乡村文化价值，碾子、石磨是乡村典型景观，承载着浓浓的乡愁。

7.稻草人

农民以稻草扎捆成人形驱赶鸟雀，非常有效果，也很有趣味，是乡间的一道美妙风景线。民间手工艺者或艺术家会根据本地的文化、景观特点来设计编织一系列的稻草人艺术作品。稻草人工艺还可以做成一种特色乡村旅游项目。

8.手工艺

乡村的传统手工艺以农民为创作和生产主体，是传统文化的重要载体，在乡村振兴中能发挥"小手工，大产业"的独特作用。传统工艺产业以文化为核心驱动，通过整合农村自然和文化资源，拓展具有特色的文化产业空间，不仅弘扬了传统文化，也实现了农民和企业的增收。

9. 荷塘

荷花也叫莲花、芙蓉、芙蕖、菡萏等，在中国古代民间，一直有夏天邀人赏荷，秋天采莲怀人的传统。历来为文人所钟爱，是中国古诗词中常见的意象。

《汉乐府》诗有："江南可采莲，莲叶何田田。鱼戏莲叶间。鱼戏莲叶东，鱼戏莲叶西，鱼戏莲叶南，鱼戏莲叶北。"

朱自清在其著名的《荷塘月色》中说，"采莲是江南的旧俗，似乎很早就有，而六朝时为盛；从诗歌里可以约略知道。采莲的是少年的女子，她们是荡着小船，唱着艳歌去的。采莲人不用说很多，还有看采莲的人。那是一个热闹的季节，也是一个风流的季节。"

《西洲曲》："采莲南塘秋，莲花过人头；低头弄莲子，莲子清如水。"

荷花之美，既有"接天莲叶无穷碧，映日荷花别样红"的清新之美，又有"出淤泥而不染，濯清涟而不妖"的圣洁之美。

乡村之美，需要荷塘之美，需要荷塘的点缀。有了荷塘，乡村会散发出一股清新、高雅之气。

10. *花海*

以花为媒发展乡村旅游是一个不错的选择。如今花海经济风生水起，不仅让生态环境得到明显改善，也助力农业结构调整、农民收入增加，生态优势逐渐转化为发展优势。

三、美好乡村建设

（一）特色小镇

特色小镇是集产业、文化、旅游、社区等功能为一体，生产、生活、生态相融合的新型聚落。特色小镇的特色，主要在于其地域文化内涵，以及小镇独特的个性精神并将之体现在小镇建设的各个方面。发展具有历史记忆、地域特点、民族风情的特色小镇，是未来我国大多数小城镇的主要发展方向。

特色小镇的概念，最早是在浙江提出的，2014 年 10 月，时任浙江省省长李强在参观云栖小镇时提出："让杭州多一个美丽的特色小镇，天上多飘几朵创新'彩云'。"这是"特色小镇"概念首次被提及。2015 年 9 月，中办主任、国家发改委副主任刘鹤一行深入调研浙江特色小镇建设情况，刘鹤表示：浙江特色小镇建设是在经济发展新常态下发展模式的有益探索，符合经济规律，注重形成满足市场需求的比较优势和供给能力，这是"敢为人先、特别能创业"精神的又一次体现。2016 年 1 月初，浙江省省长李强在绍兴、宁波调研特色小镇建设后说："在新常态下，浙江利用自身的信息经济、块状经济、山水资源、历史人文等独特优势，加快创建一批特色小镇，这不仅符合经济社会发展规律，而且有利于破解经济结构转化和动力转换的现实难题，是浙江适应和引领经济新常态的重大战略选择。"

特色小镇是新型城镇化与乡村振兴的重要结合点，也是促进乡村旅游高质量发展的重要平台。2016 年以来，特色小镇的发展得到了国家层面的多方面关注与支持。2016 年 2 月《国务院关于深入推进新型城镇化建设的若干意见》（国发〔2016〕8 号）中，国家层面首次提出"特色小镇"概念。

2016 年 7 月，住房和城乡建设部等 3 部委发布了《关于开展特色小镇培育工作的通知》，决定在全国范围开展特色小镇培育工作，计划到 2020 年培育 1000 个左右各具特色、富有活力的休闲旅游、商贸物流、现代制造、教育科技、传统文化、美丽宜居的特色小镇，引领带动全国小城镇建设。2016 年 10 月，住房和城乡建设部公布了 127 个小城镇作为全国首批特色小城镇培育重点。其中，以乡村休闲旅游为主要特色的小镇在这个名单中占据了很大比重，例如，广东省入选了 6 个特色小镇，其中的江门赤坎镇、肇庆回龙镇、梅州雁洋镇均以休闲旅游为主要发展方向；佛山北滘镇、中山古镇、河源古竹镇在发展主打产业的同时也培育和发展旅游产业；北京市入选的房山区长沟镇、昌平区小汤山镇和密云区古北口镇3个特色小镇则都是旅游特色小镇。截至2018年年底，全国已公布96个全国运动休闲特色小镇、两批403个全国特色小城镇。2016年10月，国家发展改革委出台了《关于加快美丽特色小（城）镇建设的指导意见》（发改规划〔2016〕2125号，以下简称《意见》），并将特色小（城）镇建设作为推进供给侧结构性改革的重要平台和深入推进新型城镇化的重要抓手。《意见》提出："鼓励有条件的小城镇按照不低于3A级旅游景区的标准规划建设特色旅游景区，将美丽资源转化为'美丽经济'。""加强历史文化名城名镇名村、历史文化街区、民族风情小镇等的保护，保护独特风貌，挖掘文化内涵，彰显乡愁特色，建设有历史记忆、文化脉络、地域风貌、民族特点的美丽小（城）镇。"2018年8月30日，国家发展和改革委员会发布了《国家发展改革委办公室关于建立特色小镇和特色小城镇高质量发展机制的通知》（发改办规划〔2018〕1041号），明确了典型特色小镇的基本条件："立足一定资源禀赋或产业基础，区别于行政建制镇和产业园区，利用3平方公里左右国土空间（其中建设用地1平方公里左右），在差异定位和领域细分中构建小镇大产业，集聚高端要素和特色产业，兼具特色文化、特色生态和特色建筑等鲜明魅力，打造高效创业圈、宜居生活圈、繁荣商业圈、美丽生态圈，形成产业特而强、功能聚而合、形态小而美、机制新而活的创新创业平台"，同时明确提出要"坚决淘汰一批缺失产业前景、变形走样异化的小镇和小城镇"，"统一实行有进有退的创建达标制，避免一次命名制，防止各地区只管前期申报、不管后期发展与纠偏"。

特色小镇的旅游化发展，是其保持产业吸引力和可持续生命力的基本途径。所以，"特色小镇要通过旅游化改造，形成具有一定的文化、历史、艺术、科学、养生等价值的景观节点、建筑风貌。特色小镇通过旅游化改造，形成具有独特的魅力和鲜明的主题文化，拓展高端产业辐射的边界，通过旅游的流动产生更大的消费力，让特色小镇更具有生命力。同时，特色小镇通过旅游化改造，使小镇具有良好的生态环境、空气质量和人居环境。强调优质的生活环境，是特色小镇存在的关键。特色小镇通过旅游化改造，形成休闲业态的多样化，构建生活化的服务系统，应在吸引社区参与、带动就业、促进居民增收等方面有较强的作用"[①]。

产业是特色小镇的核心。在培育特色小镇时，要选择那些具备一定产业基础、产业定位明确、产业特色鲜明、具有传统文化风貌、生态环境优美的小城镇，将乡村文化的元素融合入小镇建设的方方面面，使之成为集传统风貌、现代产业、文化旅游等为一体的具有乡村文化底蕴的特色小镇。浙江省早在 2014 年就开始筹划特色小镇建设，在建设特色小镇的发展中占得了先机，并先后列出了两批 79 个省级特色小镇，杭州山南基金小镇、余杭梦想小镇、西湖龙坞茶镇等已经成为其中的"明星"。

旅游特色小镇是特色小镇发展中的一种主要类型。2016 年，住房和城乡建设部公布的第一批 127 个中国特色小镇名单中，半数以上为旅游特色小镇。追求人在生产、生活、生态和生命上的"四生"和谐，是旅游特色小镇发展方向和目标。[②]徐虹等（2018）指出："生产上，促进人与资源的和谐，旅游特色小镇树立基于多元主体共创的大资源观；把人作为一种特殊资源，在乡村旅游开发中将居民、游客融入生产活动中，为当地百姓、外来游客提供本土化的特色产品和服务。生活上，力求人与人的和谐，小镇的经营者与游客、游客与居民、游客与游客之间存在直接或间接的情感与利益联系，三者统一于小镇空间中，需要恰当处理各个相关主体的关系，朝着社

① 刘家明.旅游特色小镇创新发展的 WREATH 模式与实践［J］.旅游学刊，2018，33（5）：10–12.

② 徐虹，王彩彩.旅游特色小镇建设的取势、明道和优术［J］.旅游学刊，2018，33（6）：5–7.

会和谐的方向努力。生态上，寻求人与自然的和谐，强调绿色发展，走小镇绿色发展之路；进行绿色化的旅游产品与服务供给，让游客乐、百姓富、生态美，振兴乡村生态环境，缓解城市生态压力。生命上，实现人与自我的和谐，旅游特色小镇建设的根本目的在于促进人的全面发展，这里既要满足人民对物质生活的需要，更要为人民获取精神上的享受创造便利，物质与精神合二为一，才能提高人的生命质量，促进人的身心和谐成长。"[①]

如家酒店集团是中国连锁酒店行业最具影响力的领导品牌之一。2016 年 11 月，如家酒店集团将综合了露营地、农庄、特色村落、景点驿站等业态的新品牌——如家小镇正式发布，在酒店行业率先探索打造乡野度假业态，呈现有别于以往酒店住宿的产品形态。"如家小镇"以住宿为入口，涵盖了住宿、餐饮、游乐、农贸、便利店、泊车、电动车租赁等综合服务设施，通过食、住、行、游、购、娱旅游六要素的融合延长乡村旅游产业链，堪称一座驻扎在乡村的"城市"。

康养小镇、文创小镇、智慧小镇等是今后特色小镇发展的重点。雄安已经创建的首批新建特色小镇里，就有安新县的安州文创特色小镇、雄县鄚州康养特色小镇、容城的晾马台智能小镇。

（二）田园综合体

2017 年 2 月 5 日，中共中央、国务院公开发布《关于深入推进农业供给侧结构性改革，加快培育农业农村发展新动能的若干意见》，里面提到："支持有条件的乡村建设以农民合作社为主要载体、让农民充分参与和受益，集循环农业、创意农业、农事体验于一体的'田园综合体'，通过农业综合开发、农村综合改革转移支付等渠道开展试点示范。"这是中央文件首次提出"田园综合体"这个概

---

① 徐虹，王彩彩．旅游特色小镇建设的取势、明道和优术［J］．旅游学刊，2018，33（6）：5-7.

念。2017 年 6 月 21 日，财政部发布《关于开展田园综合体建设试点工作的通知》，提出将开展乡村田园综合体试点，并将创新投入方式，做好支持政策统筹。目前，国内较为成功的田园综合体主要有河北唐山迁西"花乡果巷"田园综合体、山西临汾襄汾县田园综合体、山东临沂沂南县朱家林田园综合体、福建南平武夷山市五夫镇田园综合体、广西南宁"美丽南方"田园综合体、云南保山隆阳区田园综合体、四川成都都江堰市国家农业综合开发田园综合体、广东珠海斗门区岭南大地田园综合体、浙江绍兴"花香漓渚"田园综合体、浙江湖州"田园鲁家"田园综合体等。

　　无锡阳山田园东方是国内首个田园综合体项目。[①] 阳山镇是"中国水蜜桃之乡"，农业发展基础良好，生态环境优越。2012 年，田园东方创始人张诚结合北大光华 EMBA 课题，发表了论文《田园综合体模式研究》，并在无锡市惠山区阳山镇和社会各界的大力支持下，在阳山镇落地实践了第一个田园综合体项目——无锡田园东方。田园东方倡导人与自然的和谐共融与可持续发展的理念，项目设计上体现"三生"（生产、生活、生态）、"三产"（农业、加工业、服务业）的有机结合与关联共生。"作为我国第一个田园综合体的实践基地，田园东方的发展主要包括三个核心组成部分，即现代农业、休闲旅游和田园社区。首先，以现代农业生产作为产业发展的基础。通过发展水蜜桃生产、果蔬水产种养等产业示范园来保障农业生产。同时，发展有机农场、果品栽培等来提高农产品质量，满足市场需求的变化。其次，以休闲文化旅游作为产业发展的主导。田园东方的发展结合了阳山镇历史文化特色，并在其基础上进行创新。将绿色农业、文化教育、休闲体验等融为一体，深入挖掘农业的多种功能，发展与传统乡村建设不同的文化旅游产业，实现一二三产业的深度融合。最后，通过建设田园社区改善乡村地区的人居环境，为

---

① 刘松鹃."田园综合体"模式下苏南休闲旅游型乡村转型发展研究［D］.苏州科技大学，2018.

人们提供一个城市中的世外桃源。"[①]2016 年 9 月，中央农办领导考察阳山田园东方时，对该模式的发展给予了高度肯定。

田园综合体是顺应农村供给侧结构改革、新型产业发展，结合农村产权制度改革，集现代农业、休闲旅游、田园社区为一体的乡村综合发展模式和乡村发展代表创新突破的思维模式。作为一种新型城镇化发展模式，田园综合体是引领未来农业农村发展演变的重大政策创新，是实现乡村振兴的重要载体，更是都市居民实现田园梦的有效载体。在当前我国农业结构转型的背景下，"田园综合体模式通过整合农村各类资源，发展多种形态的农业产业，将绿色农业、循环农业、休闲观光、文化旅游融为一体，实现乡村现代化和农业的可持续发展。田园综合体的发展突破了原有农业农村发展的惯性思维，进一步激活了传统农业发展中受限的土地、房屋等资产和农村现有的劳动力资源，顺应了市场经济的演变以及农业制度的改革，打开了乡村社会产业发展的新局面，与我国当前经济社会的发展趋势相适应"[②]。新时代建设田园综合体，对于推进农业供给侧结构性改革和培育农业农村发展新动能、加快城乡一体化步伐、农村生产生活生态统筹推进、推动农业农村实现历史性变革等均有着重大意义。

三产融合是田园综合体的基本特征。田园综合体包含农、林、牧、渔、加工、制造、餐饮、酒店、仓储、保鲜、金融、工商、旅游及房地产等在内的乡村一二三产业融合体，集循环农业、创意农业、农事体验于一体。同时，田园综合体又使得城市与乡村，农业与工业，生产、生活和生态等有机融合并相得益彰，完全适应乡村振兴战略追求的"产业兴旺、生态宜居、乡风文明、治理有效、生活富裕"目标。

农业是田园综合体的基础。作为一种旨在拓展农业产业链、价

---

① 王笑容. 乡村振兴战略背景下的田园综合体发展研究［D］. 江西师范大学，2018.
② 王笑容. 乡村振兴战略背景下的田园综合体发展研究［D］. 江西师范大学，2018.

值链的新业态，田园综合体"集循环农业、创意农业、农事体验于一体"，其农业是具有高科技化、机械化、特色化、标准化等现代农业、绿色农业、循环农业。田园综合体要不断延伸产业链，提高农产品的附加值，大力培育知名农产品品牌，推进农村电商和物流服务业等。在田园综合体建设过程中，一定要将农民充分参与和受益作为基本原则，在建设内容上以农业综合开发为平台推进田园综合体建设。

旅游是田园综合体的特色和功能延伸。田园综合体产业链的各个环节与旅游深度融合发展，通过大力开发体验性农业旅游项目，打造精致的田园景观，把农业从产业链的"生产端"带到了"体验端"。与休闲农业相比，田园综合体的产业链更加完善，包括了农业、文旅、地产三个产业，打造的是生态、生活、生态的共同体。其中的农业就包括循环农业、创意农业、农事体验等。

农耕文化是田园综合体的灵魂。田园综合体里，可以体验农事农作、体验农耕文化和找到"乡愁"。在这里，可以实现当下城市居民的"归园田居"的"世外桃源"梦想。从一定程度上讲，田园综合体承载着乡村文化传承和复兴的重任。田园综合体建设需要因地制宜。应选择一些自然资源优势明显、配套设施比较完善的地方建设田园综合体，与当地的特色最大限度地结合。文创农业、特色农业等天然就是田园综合体建设的主要业态。

乡村振兴需要高素质的农业人才支撑，尤其是需要大量的新型职业农民。《农业农村部办公厅关于做好 2018 年新型职业农民培育工作的通知》（农办科〔2018〕17 号）指出："把培育新型职业农民作为强化乡村振兴人才支撑的重要途径，以服务质量兴农、绿色兴农、品牌强农为导向，以满足农民需求为核心，以提升培育质量效能为重点，根据乡村振兴对不同层次人才的需求，通过就地培养、吸引提升等方式，分层分类培育新型职业农民 100 万人以上，发展壮大一支爱农业、懂技术、善经营的新型职业农民队伍，推动全面建立职业农民制度，带动乡村人口综合素质、生产技能和经营能力进一步提升，促进人才要素在城乡之间双向流动，让农民真正成为有吸引力的职业，让农业成为有奔头的产业，让农村成为安居乐业的美好家园。"田园综合体是以农民合作社为主要载体，让农民充分参与和受益，从一开始产生就是培育新型职业农民的良好平台。

总之，田园综合体作为乡村现代化和新型城镇化联动发展的一种新型模式，将引起农业发展方式、农民增收方式、农村生活方式、乡村治理方式等深刻变化，对实现乡村全面振兴意义重大。

（三）乡村民宿

乡村旅游首先是一种生活方式。进入 21 世纪以来，在全球范围内，乡村生活日益成为一种有品质的时尚生活方式。伴随着乡村旅居时代的到来，乡村民宿日益成为乡村旅游发展中的亮点和乡村振兴的主要着力点。

目前，在世界范围内，乡村度假成为仅次于海滨度假的第二大度假产业。从国外乡村旅游发达国家的经验看来，乡村度假是乡村旅游的高端产品，也是一个国家社会经济发展到一定阶段的必然趋势。于是，在那些乡村旅游比较成熟的地区，积极建设乡村酒店、主题客栈，打造品质化、个性化、特色化的乡村民宿旅游与度假模式，为乡村旅游游客提供高品质的田园生活方式，就成为乡村旅游发展必然的趋势。

民宿是非标住宿的重要组成部分，它能够有针对性地满足住宿客人的个性化需求，并在满足住宿客人基本的住宿功能之外，使其获得文化和情感方面的独特体验。2015 年 5 月 14 日，浙江省德清县发布了中国首部县级乡村民宿地方标准规范《乡村民宿服务质量等级划分与评定》（以下简称《标准》）。《标准》规定了乡村民宿的术语和定义、服务质量基本要求、等级划分条件及评定规则，并提出：乡村民宿是指"经营者利用乡村房屋，结合当地人文、自然景观、生态环境及乡村资源加以设计改造，倡导低碳环保、地产地销、绿色消费、乡土特色，并以旅游经营的方式，提供乡村住宿、餐饮及乡村体验的场所"。2016年，北京市第十四届人大常委会第29次会议上提交审议的《北京市旅游条例（草案修改稿）》中，明确了民宿的概念："民宿，是指利用自有住宅，结合本地人文环境、自然景观、生态资源及生产、生活方式，为旅游者提供休闲旅游住宿场所。"杭州《民宿业服务等级划分与评定规范》（2016）指出："民宿是一种以家庭私有房产为基本接待单元；利用原有住宅或空闲房屋改建，结合当地人文自然景观、生态、环境资源及农牧渔生产活动；以房主个体经营，或以出租委托他人经营，或以集体管理为主要形式的，提供休闲、体验、游览、餐饮、住宿等有限服务项目的住宿设施。民宿总客房数在15间以内，每幢单体建筑客房数不超过5间，单体建筑面积一般控制在260 m² 以下，建筑层数不超过3层（含）。"2017年8月，国家旅游局发布《旅游民宿基本要求与评价》（LB/T 065—2017）行业标准。该标准对民宿的界定和分类是"利用当地闲置资源，民宿主人参与接待，为游客提供体验当地自然、文化与生产生活方式的小型住宿设施"；"旅游民宿分为二个等级，金宿级、银宿级。金宿级为高等级，银宿级为普通等级。等级越高表示接待设施与服务品质越高"；"单幢建筑客房数量应不超过14间（套）"等。

在大众旅游时代，游客的住宿选择越来越多元化，民宿成为这个时代的不二选择。相对于农家乐旅游而言，民宿旅游是一种更高一级的乡村旅游业态，很适合当前城市游客满足"乡愁"的途径。乡村地区丰富的农业文化景观，加上大量喜爱建房营造自己美好家园的农民，为乡村开展民宿游提供了良好的基础。国务院办公厅2015年发布的《关于加快发展生活性服务业促进消费结构升级的指导意见》中，首次倡导积极发展民宿客栈。可以预测，民宿发展将成为我国乡村旅游发展的一个重要风向标，并逐渐成为乡村旅游业态的主力军。

　　国家层面也是多方面支持乡村民宿发展。2015 年，国务院办公厅出台的《关于加快发展生活性服务业促进消费结构升级的指导意见》，明确提出要"积极发展客栈民宿、短租公寓、长租公寓等细分业态"。2018 年 8—10 月，《乡村振兴战略规划（2018—2022 年）》《促进乡村旅游提质升级发展行动方案（2018 年—2020 年）》等文件的出台，明确了乡村民宿的战略意义和发展使命。继 2018 年中央一号文件强调要"实施休闲农业和乡村旅游精品工程，建设一批设施完善、功能多样的休闲观光园区、森林人家、康养基地、乡村民宿、特色小镇"后，2019 年的中央一号文件继续强调"充分发挥乡村资源、生态和文化优势，发展适应城乡居民需要的休闲旅游、餐饮民宿、文化体验、健康养生、养老服务等产业"。此外，2018 年 12 月，文化和旅游部公布 17 部门联合印发的《关于促进乡村旅游可持续发展的指导意见》提出：要充分利用农村土地、闲置宅基地、闲置农房等资源，开发建设乡村民宿、养老等项目；要依托当地自然和文化资源禀赋发展特色民宿，在文化传承和创意设计上实现提升、完善行业标准、提高服务水平、探索精准营销，避免盲目跟风和低端复制，引进多元投资主体，促进乡村民宿多样化、个性化、专业化发展。

　　乡村民宿的发展能够有效地促进乡村文化的保护与传承。民宿发展的主要依托是传统村落、民居古宅等乡村文化资源，通过发展民宿经济，这些乡村文化资源得到了保护、传承与发展。此外，发展民宿还有利于提高政府财政收入和促进农民的就业。以民宿发展比较成熟的浙江德清县为例：2016 年第一季度全县乡村旅游接待游客 55 万人次，营业收入 1.16 亿元，其中以洋家乐为代表的 70 多家精品民宿接待游客 5.3 万人次，总收入 6380 万元。[①] 这些民宿的老

---

① 乡村收益：开民宿这件事给当地人带来了什么，http：//www.chinahotel.org.cn/forward/enter SecondDary. do ？ id=4a41851c14184c9495f3aad314fc4290&childMId1=c8e3a6a76dd445dea72b2dead 7f082ae& child MId2=&childMId3=&contentId=818576d0d96342eab5fb9d974b3a8bdd。

板和员工多是当地土生土长的村民。总之，发展乡村民宿，可以将农村闲置住宅与土地资源通过自营、合作社等方式有效整合利用，有利于促进传统农业转型升级和推动乡村创业创新，有利于促进农民脱贫增收致富和提升农村人口素质，更有利于乡村文化的传承与保护，是乡村振兴战略实施的重要抓手。

由于民宿酒店具有投资规模较小、有广泛的参与人群、借助民宿众筹可实现社交和消费双重功能等特点，在国内发展异常迅速，颇为吸引眼球：2015 年上半年，杭州西湖周边的民宿数量激增了四成之多；外婆家创始人吴国平在金华浦江豪掷 6000 万元打造的中国最高端民宿，一晚定价 5000 元，让很多五星级酒店都感叹其房价望尘莫及；上海迪士尼也瞄准民宿市场，计划在开园之前推出 100 间配套民宿。[①] 以观云雾、听林涛、看星星、品农菜而闻名的浙江松阳四都乡西坑村过云山居民宿，虽然只有 8 个房间，还得提前两个月预约，平均房价近千元；知名傣族文化民宿——云南西双版纳菩提帕莎别院只有 15 间客房，每晚千元以上，也是经常"一房难求"，不少慕名前来的游客只是为了泡上一壶茶和听傣族女主人聊聊诗与远方的故事。江南六大古镇之一的西塘，民宿发展异常迅速，从 1999 年西塘第一幢民房被改建成客栈至 2015 年 10 月，西塘民宿客栈有 1000 多家，其中景区内的民宿客栈近 700 家[②]。根据去哪儿网发布的数据，截至 2015 年 10 月 30 日，民宿客栈在去哪儿网登记数量为 42658 家，而至 2016 年 9 月 30 日，这一数据增长到 48070 家，不足一年时间增加了 5412 家，增速可谓相当快。从全国各省份来看，云南民宿客栈的数量位居全国第一，数量达 7392 家；其次是浙江，6141 家；接下来是北京、四川以及山东。[③] 另外，迈点网有

---

① 主客双方共同聚焦 民宿盈利知多少,http: //info.meadin.com/index.php？m=content&c=index&a=show&catid= 1234&id=122510。

② 中国民宿进入洗牌期？究竟路在何方？！，http: //www.heyeen.com/gc/270.html.

③ 京郊民宿游升级课题待破，http: //www.chinahotel.org.cn/forward/enterSecondDary.do？id=32aec942ad 4a40e 28a59f90285e7b758&contentId=5dd7e6f1f6ac433c890b5653f49131a1.

这样的一组数据显示，截至 2016 年年初，全国农家乐超过 190 万家、客栈民宿超过 4 万家，民宿从业人员超过百万人，市场规模研究达到 200 亿元人民币。莫干山、杭州、西江、凤凰、厦门等都是客栈民宿集中的片区。2018 年 11 月 30 日，全国发展乡村民宿推进全域旅游现场会在浙江安吉召开，文化和旅游部部长雒树刚在会议上指出，"乡村民宿作为文化和旅游消费热点的重要途径，是深化旅游业供给侧结构性改革的必然选择。要充分认识乡村民宿的重要意义和牢牢把握工作推进的正确方向，明确乡村民宿方兴未艾，大有可为；全域旅游如火如荼，大有作为"。文化和旅游部部长雒树刚于 2018 年 11 月 30 日在全国发展乡村民宿推进全域旅游现场会上透露，2017 年乡村民宿消费规模达 200 亿元，预计到 2020 年中国乡村民宿消费将达 363 亿元，年均增长 16%，远高于同期国内旅游消费年均 8% 的预计增速。

浙江省是民宿发展最好的省份之一。2015 年《浙江省旅游条例》正式出台，民宿首次被写入地方性法规，明确鼓励城乡居民利用自有住宅或其他条件，兴办民宿和"农家乐"。之后浙江省又连续出台文件，明确兴办民宿的范围和条件。2017 年，"大力发展民宿经济"被写入浙江省第十四次党代会的决议中。把发展民宿作为省党代会的决策这在全国是首例。截至 2018 年年底，浙江民宿已达 16286 家，仅客房直接收入近 50 亿元，解决了近 10 万农民就业。[①] 浙江省民宿的经营模式多样化，有租赁经营、流转经营、众创共享、连锁经营、股份经营、"公司＋农户""工商资本＋农户"等。浙江省的民宿特色也非常鲜明，包括以安吉、临安、长兴、德清为代表的山区民宿，以乌镇、西塘、南浔为代表的水乡古镇民宿，以松阳为代表的文化遗产民宿，以舟山嵊泗、温岭、洞头为代表的海岛民宿，以西湖为代表的景区民宿，以及以莫干山、西湖、长兴水口、

---

① 蒋文龙，朱海洋.此心安处是吾乡——从浙江实践看民宿产业发展走向［N］.农民日报，2019-04-29.

乌镇、西塘、临安、桐庐等为代表的民宿集聚区，等等。其中的很多民宿经济效益良好，例如，位于德清县的裸心谷 2017 年平均房价 2247 元 / 间·天，是全省五星级饭店平均房价的 4 倍，客房出租率 72.72%，高出全省平均出租率 13.28 个百分点。[①] 2018 年，以"洋家乐"为代表的德清 150 家高端乡村旅游项目，共接待游客近 50 万人次，直接营业收入 5.8 亿元，节假日期间莫干山一带许多"网红"民宿常常一房难求；2018 年 7 月 15 日，中国旅游饭店业协会揭晓"中国最佳民宿"，其中上榜的 12 家民宿中，浙江独占 6 家。[②] 民宿经济成为浙江省乡村旅游发展的最大亮点，到浙江体验民宿成为一种时尚和高质量的乡村休闲方式。

乡村酒店是现存民宿的升级版和更高级的乡村旅游业态。随着大众消费的升级尤其是"80 后""90 后"甚至"00 后"愿意为优质体验和能够投射情感的小众品牌消费，乡村度假酒店的市场需求趋向旺盛。在"互联网 +"背景下，一些休闲农庄、家庭的服务产品通过电商在网上销售，电子商务带动了乡村度假旅游品牌的培育和发展。鉴于此，一些酒店集团开始在乡村度假酒店领域着力布局。近年来，乡村酒店在全国范围内呈现出遍地开花之势，一些著名连锁酒店集团对此越来越重视，开始着力打造自己的乡村酒店品牌。2015 年，首旅酒店集团与山里寒舍成立首旅寒舍品牌，开始布局乡村酒店；开元旅业集团则在浙江省的长兴建设了开元芳草地乡村酒店项目。

2016 年 5 月 27 日开业的开元芳草地乡村酒店（Wonderland Resorts）是开元酒店集团旗下的高品质生态度假乡村酒店品牌。开元芳草地乡村酒店品牌的灵感源于开元创始人陈妙林，陈妙林是

———————

① 崔凤军.以生态文明思想促进乡村旅游发展的浙江实践［M］中国旅游报，2018-11-13（003）.

② 蒋文龙，朱海洋.此心安处是吾乡——从浙江实践看民宿产业发展走向［N］.农民日报，2019-04-29.

一位热爱生活、乐于运动、喜欢旅行、探索和发现新知的专业酒店经营者。开元芳草地以 6E（美好 Excellence、生态 Ecologic、活力 Energetic、探索 Explore、体验 Experience、娱乐 Entertainmen）为其核心价值，提倡以诗意的方式与大自然共度美好时光。开元芳草地乡村酒店开业以来，几乎每个周末都会举办农夫集市，大部分的集市是跟酒店的主题活动结合起来办的，每个季度还会有相应的主题营销活动。2016 年"十一"小长假，长兴开元芳草地乡村酒店举办的芳草集市一共持续了 7 天，来自当地的 13 家手工艺人和农户在现场制作紫砂壶，销售长兴丝绸、特色茗茶、银杏果等特色农产品，该酒店自酿的桂花酒、杨梅酒和话梅、花生、竹林鸡蛋等，都是该酒店自主打造的特色产品，连包装都是自己设计的。

今后乡村民宿的发展，应主要在以下方面进一步着力：第一，不断提升民宿的文化内涵。民宿要积极融入当地文化，把充分吸纳当地文化作为提升民宿产品附加值的基本途径，建设一个有浓郁乡情的民家生活体验场域，使其在经营中体现人性化和个性化，组织上呈现民俗化、本地化、家庭化。第二，积极推动"互联网＋民宿"发展。通过建设民宿网络平台，通过微电影宣传、诗歌比赛、地方节庆、风光摄影比赛、传说探源、农事活动组织等，大力加强民宿产品的营销传播。第三，坚持平民化、平价化、亲民化的经营模式。做到民宿的标准化、规范化、精致化、差异化发展，充分发挥农民、企业和资本的作用，并与相临近的旅游景区实现有效互补共赢。

（四）乡村文创

文创，是文化创意产业的缩写，文化创意产业是指依靠创意人的智慧、技能和天赋，借助于传统工艺或者新科技对文化资源进行创造与提升，通过知识产权的开发和运用，产生出高附加值产品，具有创造财富和就业潜力的产业。联合国教科文组织认为文化创意产业包含文化产品、文化服务与智能产权三项内容。

同样的，用文化和创意手段去改造农业，农业也会把生产、生活、生态更加完美地呈现在你面前。而在文化创意和农业产品融合方面，我国台湾地区应该算是佼佼者，台湾的创意农场和个性农产品品牌，处处都折射出文创的影子。

在乡村振兴中，生态产业是基础，经济和科教是核心，旅游产业是抓手，康养产业是配套，而文化产业是使这四大产业立体融会贯通、血肉丰满、气质焕发、持续创新的灵魂。

乡村文创是在传统的乡村文化肌理上，通过跨界创意与组合，重塑乡村生活的审美体验，引领乡村未来生活方式的新趋势。自然教育、野奢酒店、特色民宿、手工坊、田园综合体、特色小镇……一切基于乡村环境、资源、文化而展开的跨界创意，都可归入乡创研究范畴。

"文创＋乡村"模式集合土地开发、文化艺术产业、特色旅游、体验经济、环境和历史保护、建筑教学与实验、有机农业等多种功能于一体，致力于将乡村的传统文化有机嵌入到现代人的生活之中。

文创给乡村振兴插上隐形翅膀。实施乡村振兴战略后，越来越多的文创人才走出城市的设计室和艺术的象牙塔，在农村找寻实现梦想的舞台，以多元化的文化实践方式助力乡村振兴。深圳大学美术系教授应天齐曾因创作《西递村系列》版画声名鹊起，而曾经贫困闭塞的皖南西递村也从此名声远扬，西递村为他修建了西递应天齐艺术馆。中外游客慕名而来，如今西递村每年的旅游收入达7000多万元。来自上海的设计师闫峰作为安徽省黄山市永丰乡的"新村民"，租下了永丰乡闲置多年的村办企业厂房，打造徽州传统手工研习基地。在挖掘传统手工技艺的同时，闫峰注册"山里"品牌，将山里的土特产和传统手艺输出到城市，开始人生的"二次创业"。①

---

① 王菲 . 文创给乡村振兴插上隐形翅膀，新华网：http://www.xinhuanet.com/politics/2019-03/25/c_1124280718.htm

乡村文创，或者叫乡创、农创，是乡村振兴和乡村旅游创新的一个有效途径，应当引起学术界和一线从业者的高度重视。

（五）康养旅游

康养旅游，顾名思义为健康养生类旅游，国际上，一般被称为医疗健康旅游。随着我国经济社会的发展，人民生活水平的提高，国民对于健康和身体素质的提升需求不断增强，同时我国将步入老龄化社会，老龄化问题日益加剧，这些都为康养旅游提供了巨大的市场。

近年来，康养旅游作为新兴旅游产品，越来越受到青睐，拥有良好的市场环境，发展空间巨大。目前，世界上有超过 100 个国家和地区开展健康旅游，2013 年全球健康旅游产业规模约为 4386 亿美元，约占全球 14% 的旅游产业总体规模经济。《大健康十大投资热点市场规模预测》显示，到 2016 年我国大健康产业的规模近 3 万亿元，居全球第一位。2017 年，产生 6785 亿美元的收入，占世界旅游收入的 16%。未来几年，养生旅游的市场规模将呈快速增长态势，年复合增长率有望达到 20%。预计到 2020 年，康养市场规模将在 80000 亿元左右。

2014 年，《国务院关于促进旅游业改革发展的若干意见》提出，要积极发展休闲度假旅游，推动形成专业化的老年旅游服务品牌，并发展特色医疗、疗养康复、美容保健等医疗旅游，养生旅游是医疗旅游的一个细分行业；2015 年《关于进一步促进旅游投资和消费的若干意见》明确指出，大力开发休闲度假旅游产品，鼓励社会资本大力开发温泉、滑雪、滨海、海岛、山地、养生等休闲度假旅游产品。

2016 年 1 月，国家旅游局发布《国家康养旅游示范基地标准》（以下简称《标准》），将康养旅游定义为：指通过养颜健体、营养膳食、修身养性、关爱环境等各种手段，使人在身体、心智和精神上都达到自然和谐的优良状态的各种旅游活动的总和。《标准》要求，康养旅游示范基地应包括康养旅游核心区和康养旅游依托区两个区域，康养旅游核心区具备独特的康养旅游资源优势，而康养旅游依托区能为核心区提供产业联动平台，并在公共休闲、信息咨询、旅游安全、休闲教育等公共服务体系上给予有力保障。通过丰富康养旅游内容，打造一批产业要素齐全、产业链条完备、公共服务完善的综合性康养旅游目的地，推动康养旅游示范基地建设。

2016 年 2 月，国家林业局印发《关于启动全国森林体验基地和全国森林养生基地建设试点的通知》，把发展森林体验和森林养生作为森林旅游行业管理的重要内容，以抓好、抓实森林体验和森林养生基地建设为切入口，不断满足大众对森林体验和森林养生的多样化需求；大力推行森林康养产业试点，以期创造新产业经济，提升经济增长质量。

2016 年 5 月，国家林业局又印发了《林业发展"十三五"规划》，确定"十三五"林业发展的主要目标：森林年生态服务价值达到 15 万亿元，林业年旅游休闲康养人数力争突破 25 亿人次，要求大力推进森林体验和康养，发展集旅游、医疗、康养、教育、文化、扶贫于一体的林业综合服务业；开发和提供优质的生态教育、游憩休闲、健康养生养老等生态服务产品；做大做强森林等自然资源旅游，大力推进森林体验和康养，发展集旅游、医疗、康养、教育、文化、扶贫于一体的林业综合服务业；重点强调发展森林旅游休闲康养产业，构建以森林公园为主体，湿地公园、自然保护区、沙漠公园、森林人家等相结合的森林旅游休闲体系，大力发展森林康养和养老产业。到 2020 年，各类林业旅游景区数量达到 9000 处，森林康养和养老基地 500 处，森林康养国际合作示范基地 5~10 个。

2017 年中央一号文件提出，大力发展乡村休闲旅游产业，充分发挥乡村各类物质与非物质资源富集的独特优势，利用"旅游 +""生态 +"等模式，推进农业、林业与旅游、教育、文化、康养等产业深度融合。

2018 年中央一号文件继续提出，实施休闲农业和乡村旅游精品工程，建设一批设施完备、功能多样的休闲观光园区、森林人家、康养基地、乡村民宿、特色小镇。加快发展森林草原旅游、河湖湿地观光、冰雪海上运动、野生动物驯养观赏等产业，积极开发观光农业、游憩休闲、健康养生、生态教育等服务。创建一批特色生态旅游示范村镇和精品线路，打造绿色生态环保的乡村生态旅游产业链。

目前，国内康养旅游发展从总体布局来看，主要分布在西南、长三角、山东及东北等几大区域，并逐渐形成了各自的特色。

长白山康养区域	独特的自然资源与健康旅游文化理念，打造特色休闲养生度假旅游。
山东康养区域	依托较为先进的康养配套设施，尤其是医疗科技较为发达。
长三角康养区域	康养产业最为成熟，尤其是软服务走在国内康养领域的前面。
云贵川康养区域	主要依靠优良的自然环境、资源和民族文化，开启度假疗养模式。

从地域角度来看，以珠三角地域养生市场为主，辐射海外华人及亚洲市场；从年龄角度来看，以中老年人群为主，中年为辅，中老年市场的休闲度假消费数量较大，消费诉求为医疗、延年益寿；从性别角度来看，以女性市场为主，养生保健消费较大，其养生商品的购买力较强；从商务市场看，养生保健消费量大，对养生餐饮消费要求较高；消费者较为注重生态养生场所的档次规格，消费额较高。

康养的主要产业类型有妇孕婴幼康养、青少年康养、中老年康养、基于养身的康养、基于养心的康养、基于养神的康养、森林康养、气候康养、海洋康养、温泉康养、中医药康养、高原康养、山地康养、丘陵康养、平原康养等。

常见的康养旅游主要是通过乡村旅游和康养产业结合。乡村景观经过悠久的历史演变，山、水、生物等风光展现了"天人合一"

的精神实质，和谐的景观通过视觉给人以美的享受，使人心灵上受到美的熏陶，产生与自然融为一体的感觉，进而沉淀浮躁与喧嚣，释放郁闷与压抑，调节机体的免疫系统，起到养生、保健、治疗的作用。乡村旅游资源主要通过景观资源、空气资源、农耕活动、人文资源、饮食资源和环境资源六种方式进行康养旅游。

其中比较典型的是通过森林、气候和温泉及中医药进行的康养旅游。森林康养旅游主要是以空气清新、环境优美的森林资源为依托，开展包括森林游憩、度假、疗养、运动、教育、养生、养老以及食疗（补）等多种业态的集合。气候康养旅游的地区主要以季节性宜人的自然气候（如阳光、温度等）条件为康养资源，在满足康养消费者对特殊环境气候的需求下，配套各种健康、养老、养生、度假等相关产品和服务，形成的综合性气候康养产业。而温泉康养旅游则因为大多数温泉本身具有保健和疗养功能，是传统康养旅游中最重要的资源。现代温泉康养已经从传统的温泉汤浴拓展到温泉度假、温泉养生，以及结合中医药、中草药、中医疗法、健康疗法等其他资源形成的温泉理疗等一系列业态集合。

第五章 "新乡建"下乡村旅游可持续发展

《中共中央、国务院关于实施乡村振兴战略的意见》（2018 年 1 月 2 日）提出了要"按照产业兴旺、生态宜居、乡风文明、治理有效、生活富裕的总要求"，走中国特色社会主义乡村振兴道路。

一、乡村旅游的产业振兴——"一二三产业的融合互动"

当今乡村衰败的根本原因在于乡村发展缺乏有力的产业支撑。乡村振兴的重点和关键就在于产业兴旺，产业兴旺也是提高农民收入的根本途径。对此《中共中央、国务院关于实施乡村振兴战略的意见》（2018 年 1 月 2 日）明确提出："乡村振兴，产业兴旺是重点。必须坚持质量兴农、绿色兴农，以农业供给侧结构性改革为主线，加快构建现代农业产业体系、生产体系、经营体系，提高农业创新力、竞争力和全要素生产率，加快实现由农业大国向农业强国转变。"

乡村一二三产业的融合互动是促进乡村旅游产业（产业兴旺）振兴的基本途径。文化和旅游部等 17 部门于 2018 年 12 月联合印发的《关于促进乡村旅游可持续发展的指导意见》明确指出："共建共享，融合发展。整合资源，部门联动，统筹推进，加快乡村旅游与农业、教育、科技、体育、健康、养老、文化创意、文物保护等领域深度融合，培育乡村旅游新产品新业态新模式，推进农村一二三产业融合发展，实现农业增效、农民增收、农村增美。"

特色文化产业发展是促进乡村旅游创新发展的关键，也是促进乡村产业兴旺的必然要求。对此,《中共中央、国务院关于实施乡村振兴战略的意见》(2018 年 1 月 2 日)明确提出:"发展乡村共享经济、创意农业、特色文化产业。"结合乡村旅游消费市场的需求,助力农业供给侧结构性改革,在深入挖掘乡村地方特色产业潜力的基础上形成乡村旅游特色产业品牌,将乡村文化融入乡村特色产业发展中去,打造可游、可娱、可品、可住、可行、可文化体验与文化传承并行的综合性乡村文化旅游主题产品,是实现乡村文化传承与乡村旅游发展的有效途径。

创意旅游农业"是以农村的生产、生活、生态'三生'资源为基础,通过创意理念、文化、技术的提升,创造出具有旅游吸引力、带来农业和旅游业双重收益的农业新业态,即有效地将科技、文化、社会、人文等方面的创意元素,融入农村的各个方面,投入农业产业链的各个环节,使农业与旅游市场消费需求衔接,创造出满足旅游和农业双重市场需求、一二三产融合发展的新型农业发展模式"①。创意旅游农业是创意农业与乡村旅游业、休闲农业等相结合的产物,是创意农业与休闲农业、乡村旅游发展到一定阶段相互渗透、相互融合的结果。目前,创意旅游农业已经成为乡村旅游产业转型升级的必然选择。

现代农业庄园是乡村"一二三产业的融合互动"的重要载体。它是"以现代化农业生产为基础,以先进经营理念和管理方式为支撑,依托特色自然、人文资源,拓展精深加工、农耕体验、旅游观光、休闲度假、健康养老、教育文化等多种功能,满足消费者多元化需求的一种新型现代农业发展模式和旅游消费形态"②。国家旅游局、农业部联合印发的《关于组织开展国家现代农业庄园创建工作

---

① 卢云亭,李同德,周盈.创意旅游农业开发模式初探[EB/OL].http://www.zgcyny.com,2010-3-25.
② 国家旅游局、农业部.关于组织开展国家现代农业庄园创建工作的通知(2016 年 11 月 17 日).

的通知》（2016 年 11 月 17 日，以下简称《通知》）明确指出："创建国家现代农业庄园，是提高农业质量和效益、实现一二三产业融合发展，推进农业和旅游业供给侧结构性改革的具体实践；是创新经营模式，示范带动我国特色新型农业现代化的重要抓手；是丰富旅游产品，满足消费者多元化需求的重要举措；是促进全域旅游，发展农业、建设农村、富裕农民的重要载体，对全面建成小康社会具有重要意义。各级旅游、农垦主管部门要切实提高认识，采取有效措施，扎实推进国家现代农业庄园创建工作。"根据《通知》，到 2020 年，我国将建成 100 个国家现代农业庄园，基本形成布局科学、结构合理、特色鲜明、效益显著的庄园经济带。

二、乡村旅游的环境振兴——"田园梦"与"乡村景观美学"

生态宜居，让乡村生活更美好，实现人与自然的和谐共生，是乡村振兴的关键。乡村旅游的环境（生态宜居）振兴，就是要在乡村旅游发展中保护生态环境，坚持绿色导向、生态导向。《中共中央、国务院关于实施乡村振兴战略的意见》（2018 年 1 月 2 日）提出"坚持人与自然和谐共生。牢固树立和践行绿水青山就是金山银山的理念，落实节约优先、保护优先、自然恢复为主的方针，统筹山水林田湖草系统治理，严守生态保护红线，以绿色发展引领乡村振兴"。

乡村环境天然具有极高的美学价值，是"生态宜居"和实现"田园梦"与"乡村景观美学"的绝佳场所。中国自古以来就有崇尚乡村生活、寄情乡村文化、纵情乡村山水的传统。晋末著名诗人陶渊明（约 365—427 年）创作了大量反映其乡村生活的田园诗，他的《饮酒》《归园田居》《桃花源记》等诗作，描绘了淳朴的农村生活情趣和恬静优美的农村风光，表现出了作者对田园生活的无限热爱，成为今天的人们对美好乡村生活和淳厚乡村文化向往的根源，其"采菊东篱下，悠然见南山"更成为理想人居环境的写照。

传统乡村聚落最能够承载"田园梦"与"乡村景观美学"。传统乡村聚落（古村落、古镇、民族村寨）在中国数量众多，类型丰富，它们大多蕴含着丰厚的历史文化信息，具有古朴独特的建筑外观和独具特色的乡风民俗，自然生态环境十分优越，适合人居。在传统乡村聚落的选址和建设上，都非常看重人与自然的和谐相处，把"天人合一"作为追求的境界。在过去的千百年里，一批在乡村居住、生活的社会精英，充分利用传统乡村聚落的人文和自然环境特点，营造了一个又一个的"山深人不觉，全村同在画中居"的乡村生活环境。无论是北京的四合院、西北黄土高原的窑洞、安徽的古民居，还是福建和广东等地的客家土楼、蒙古的蒙古包、傣家竹楼、土家族吊脚楼，都以其独特的建筑形式和深厚的文化内涵吸引着游客的眼球，具有非常高的观赏价值。例如，被誉为"齐鲁第一古村，江北第一标本"的山东省章丘市官庄乡朱家峪村，为梯形居落、上下盘道、高低参差、错落有致，完整地保存了原有的建筑形制和传统风貌，内有祠庙、楼阁、石桥、故道、古泉等大小景点 80余处。始建于明、重修于清的河南省平顶山市郏县堂街镇的临沣古寨，有"中原第一红石古寨"的美誉，古寨内的明清民居错落有致，寨外河水环抱芦花飘扬。红色寨墙、绿色护寨河、青青芦苇、雪白芦花和各色水鸟，宛如一幅美到极致的天然图画。位于浙江兰溪、建德、龙游三市（县）交界的诸葛八卦村，周围由八座小山环抱，八座小山似连非连犹如八卦的 8 个方位，有环卫山村的外八卦之称；村里面的房屋建筑以钟池为中心，构筑了 8 条街巷向四面八方放射，而且分别指向村外的各个山冈；这些环池面修建的几十座古老厅堂和村民住宅，自然而然地归入八卦的乾、坤、坎、离、震、艮、巽、兑八个部位。安徽省黟县西递、宏村，一向以世外桃源般的田园风光、保存完好的村落形态、工艺精湛的徽派民居和丰富多彩的历史文化内涵而天下闻名，是徽派建筑的典型代表，现存完好的明清民居有 440 多幢，这些建筑布局工整、结构巧妙、营造精美，是当今世界的传统建筑精品，并因此成为世界上第一次把民居列入《世界遗产名录》的古村落。这些乡村聚落在很大程度上仍然保持着那些已经消失或改变了的乡村的面貌，是当今非常独特的文化遗存。

实现乡村旅游的环境（生态宜居）振兴，要加强对乡村环境的优化和美化，通过田园农业变农业公园、传统民居变乡村民宿、农业劳作变乡村体验，不断推动乡村旅游的环境（生态宜居）振兴，大力推动乡村景区化、景观化建设。成都市浦江县的明月村，就是依托茶山、竹海、松林等良好的生态本底和4口古窑历史文化资源，通过"七改"（改水、改厕、改厨、改院、改线、改圈、改习惯），"七化"（硬化、绿化、美化、亮化、净化、文化、保洁员专职化），切实改善人居环境，吸引陶艺、篆刻、草木染等文创项目及艺术家、文化创客，形成以陶艺手工艺为主的文创项目聚落和文化创客集群，走出一条"生态+文创+旅游"的乡村振兴之路。2017年，全村共接待游客18万人次，文创及乡村旅游总收入超9000万元，村民人均可支配收入达20327元。①

农业公园是以经营公园的思路，将农业生产、乡村生活、生态家园融为一体的乡村旅游发展模式，也是实现文旅融合、农旅融合的理想模式。创建国家农业公园，实现乡村旅游的环境（生态宜居）振兴，践行"田园梦"与"乡村景观美学"的重要方式。河南中牟国家农业公园、山东兰陵国家农业公园、海南琼海龙寿洋国家农业公园等是目前我国比较成熟的已经对外开放的国家农业公园。

三、乡村旅游的文化振兴——"乡村文化体验旅游"

乡村文化是乡村旅游的核心与灵魂，吸引乡村旅游游客的关键因素是乡村文化。乡村文化能够适应游客回归田园生活、体验今非昔比的情感、寻亲访友缓解乡愁等的情感需要，满足游客的乡村旅游欲求，是游客产生乡村旅游动机的重要驱动力量。乡村文化中的

---

① 张灿强. 生态宜居，让乡村生活更令人向往. 经济网《经济》杂志，2018-12-10. http://www.jingji.com.cn/html/news/djxw/133422.html

"田园景观、农耕文化、建筑文化、饮食文化、手工艺文化、家庭文化、艺术文化具有浓郁的乡土气息，从而构成乡村旅游独具特色的核心吸引物，成为开发重点"①。范本祁、黄华英（2008）认为："乡村文化对游客的旅游决策产生重要影响，并可满足人们的乡村旅游需求，是产生乡村旅游的动因。乡村旅游的本质是乡村文化。"② 可以说，乡村文化迎合了当代游客的心灵需求，"采菊东篱下，悠然见南山"的乡村文化意境已经成为现代城市人追求田园风情的时尚之举，更成为现代城市人青睐有加的乡村旅游活动和产品形态。

追求"新、奇、特"是旅游者产生旅游动机的主要原因。中国的乡村文化具有很强的地域特征。中国人常讲的"一方水土养一方人""五里不同风，十里不同俗"等，客观上是中国地域历史与文化丰富多彩的反映，体现了乡村文化的多样性和差异性。乡村文化中的各种传统民俗、节庆、手工艺、民间信仰等非物质文化遗产，都是重要的旅游吸引物。如与苏州桃花坞年画并称为"南桃北柳"的天津杨柳青年画，在其漫长的发展演变过程中，不断创新技法同时又吸纳各画派的长处，形成了"刻工精致，绘制细腻，彩色绚丽，生动形象，乡土气息浓郁"的独特风格，成为闻名世界的艺术品和我国民间艺术的一枝奇葩，为杨柳青古镇增添了无限的文化魅力。江西婺源被誉为"中国最美的乡村""一颗镶嵌在赣、浙、皖三省交界处的绿色明珠"，是全国著名的文化与生态旅游县，其徽剧、傩舞、三雕、歙砚制作技艺等被誉为婺源文化的"四宝"，是婺源当地响当当的文化旅游名片。丽江作为中国唯一的一个纳西族自治县，纳西族创造并延续下来的东巴文化是世界民族文化的一枝璀璨的奇葩和人类共同的文化遗产，有"活着的象形文字"的美誉，其东巴

---

① 范本祁，黄华英.民族地区乡村文化视野下的乡村旅游开发［J］.牡丹江大学学报，2008，17（6）：99–101.

② 范本祁，黄华英.民族地区乡村文化视野下的乡村旅游开发［J］.牡丹江大学学报，2008，17（6）：99–101.

经书、舞谱、绘画、祭祀仪式等都充分展现了纳西族东巴文化的独特性与神奇性。这也是丽江成为世界文化遗产地和世界非物质文化遗产地（纳西东巴象形文字）、世界级旅游目的地的最重要原因。

乡村文化需要"在发掘中保护、在利用中传承"。《农业部关于开展重要农业文化遗产发掘工作的通知》（2012）指出："把重要农业文化遗产作为丰富休闲农业的重要历史文化资源和景观资源来开发利用，能够增强产业发展后劲，带动遗产地农民就业增收，可以实现在发掘中保护，在利用中传承。"《全国休闲农业与乡村旅游推进提升行动实施方案》（社会事业中心农函〔2013〕9号），明确提出："在文化挖掘行动方面，重点对农耕文化、农俗文化、产业文化等进行挖掘、保护、开发，创建一批休闲农业文化保护展示基地，设立休闲农业文化精品奖。在挖掘、保护、开发的基础上，创建一批全国性休闲农业与乡村旅游文化园，其中每年创建一个由分会与地方共建共享的文化园，既让我们的展示展览落地，又可增加休闲农庄的内涵和吸引物；创建一批全国农耕文化挖掘和保护基地，加大乡土民俗文化收集整理和挖掘力度。设立休闲农业文化精品奖，充分肯定行业企业的文化内涵。"

深挖乡村文化内涵，必须重视乡村活态文化的挖掘与保护，这也是增强乡村旅游产品吸引力的关键所在。如果说乡村传统建筑堪称乡村凝固的历史，乡村文化的物质载体，那么，乡村文化中的习俗、非物质文化遗产等乡村活态文化就是现存的活的乡村历史文化载体，体现着乡村文化的旺盛生命力。在挖掘和利用乡村活态文化方面，国内有不少成功的案例。例如，婺源的乡村旅游从一开始就十分重视活态文化的挖掘，傩舞、徽剧、龙尾砚、徽派三雕、抬阁、豆腐架、灯彩等一大批非物质文化遗产得到整理、复兴和传承；绚丽多姿的年俗、婚俗、茶俗等不仅仍是村民生活的一部分，而且还整理成各种表现形式；一批极具地域特点的菜肴小吃也成了人们对乡村温暖的记忆和思念；谷雨尝新茶、中秋迎草龙、元宵闹花灯等婺源延续千年又传承不息的习俗，给予每一个游子深情的呼唤，也让所有人的乡愁找到寄托。[①]再如，围绕壮族民间传说中一个美丽的歌仙刘三姐的许多优美动人、富于传奇色彩的故事，依托阳朔山水，由张艺谋、梅帅元等导演、制作的大型山水实景演出《印象·刘三姐》，把"刘三姐"的传说与举世闻名的桂林山水进行了完美的融合，成就了全国第一部全新概念的"山水实景演出"，演出一经推出就受到大量游客的追捧，至今仍热度不减，带来了可观的经济、社会效益。

体验经济理论是 20 世纪末美国经济学家约瑟夫·派恩（Joseph Pine II. B.）和吉尔摩（James H. Gilmore）在其著作《体验经济》（*The Experience Economy*）中率先提出来的。他们认为人类将进入全面的体验经济时代。谢彦君在《基础旅游学》（1999）一书中指出，旅游体验就是旅游个体在旅游过程中通过与外部世界的联系而获得的对于其旅游需求的满足程度，这种满足程度主要取决于旅游者个人的旅游动机与旅游目的地对他所呈现的景观、服务、产品等多方面因素相互作用的结果，这是一种综合性的旅游体验满足。[②]

乡村文化旅游本身即为一种体验经济，是乡村旅游者通过体验乡村文化的旅游活动，达到愉悦心情、增长知识的目的，它追求的是消费者的个性化体验和独特的乡村文化体验。乡村文化旅游要坚持以人为本的原则，结合游客的消费需求开发相应的旅游项目。所谓以人文本，就是在乡村文化旅游项目的设计、开发、营销上，以游客的旅游需求与消费心理为基本依据，加大体验性、参与性强的乡村文化旅游项目的开发。项目要灵活多样，能够满足不同年龄、不同职业、不同层次、不同习惯的旅游者的需求。赵承华（2011）以文化体验的视角解读乡村旅游与文化体验之间的关系，提出乡村文化体验可以采用娱乐型、逃避型、教育型、审美型四种模式，在

---

① 婺源乡村旅游注入新元素，中国乡村旅游网，crttrip.com，2014–06–19.
② 谢彦君. 基础旅游学［M］. 北京：中国旅游出版社，2004：203–208.

实施这四种模式时，要注重文化体验的真实性、互动性和主题性。[①]

乡风文明为乡村振兴提供智力支持和精神动力，是乡村振兴的"灵魂"。乡风文明有利于优化改善农村人居环境，可以为美丽乡村建设提供良好的人文支撑，帮助实现治理有效，提升乡民的生活品位，尤其是对促进产业兴旺有重要意义。《中共中央、国务院关于实施乡村振兴战略的意见》（2018 年 1 月 2 日）明确指出："乡村振兴，乡风文明是保障。必须坚持物质文明和精神文明一起抓，提升农民精神风貌，培育文明乡风、良好家风、淳朴民风，不断提高乡村社会文明程度。"

乡村振兴本质上是乡村文化的振兴。当前乡村旅游转型升级和实现可持续发展的关键在于如何提升乡村旅游的文化内涵，守住乡村文化和"美丽乡愁"。乡村文化体验旅游有助于传承优秀传统文化，有助于"留得住乡韵、记得住乡愁"，对于保护乡土文化的物质载体、保存有历史文化记忆和地域民族特色的传统村落、发展乡村民俗文化产业等，均有着重要的推动作用。这在客观上也推动了乡村文化的振兴和乡风文明建设。

四、乡村旅游的人才振兴——"新乡贤"与"农业职业经理人"

人才振兴是乡村振兴的首要力量。《中共中央、国务院关于实施乡村振兴战略的意见》（2018 年 1 月 2 日）提出："实施乡村振兴战略，必须破解人才瓶颈制约。要把人力资本开发放在首要位置，畅通智力、技术、管理下乡通道，造就更多乡土人才，聚天下人才而用之。"当前乡村振兴战略实施和乡村旅游优质发展最主要的制约因素就是乡村人才的支撑力不够，农村社会精英流失严重，在乡村居住和生活的主要群体是妇女、儿童和老人，农村空心化问题不断加剧。在这种情况下，大力提升乡村旅游人才的业务水平，就成了促进乡村旅游发展的重要因素。2018 年 4 月，农业农村部下发《关

[①] 赵承华. 基于文化体验的乡村旅游开发研究［J］. 社会科学辑刊，2011（2）：116-119.

于开展休闲农业和乡村旅游升级行动的通知》，明确要求："组织开展休闲农业和乡村旅游人才培训行动，加强行政指导、经营管理、市场营销等培训，培育一批积极性高、素质强、善经营的行业发展管理和经营人才。鼓励从业人员就近就地参加住宿、餐饮、服务等各种培训，增强服务意识、规范服务礼仪、提高服务技能，提升服务规范化和标准化水平。组织编制休闲农业精品丛书，加强对休闲农业设计、管理、营销、服务的指导。鼓励实行学历教育、技能培训、实践锻炼等多种教育培训方式提高从业者素质能力。""新乡贤"与"农业职业经理人"则在乡村旅游的人才振兴中起着至关重要的作用。

在《汉语大词典》中"乡贤"被认为是"乡里中德行高尚的人"。在中华人民共和国成立前，乡贤是乡村治理的核心，承担着圣谕宣讲、教化乡里等职责，在乡村社会的建设与发展中作用至关重要，对乡村文化传承发展起着主力军的作用，对维护社会稳定、传承中华文明有着重要作用。"新乡贤"主要是农村改革发展中涌现出来的先进典型，在本地有着较高的威望和影响，农村优秀基层干部、道德模范和身边好人是"新乡贤"的重要力量。活跃在乡村地区的有威望的退休公职人员、有影响力的返乡成功经商人士和专家学者、具有丰富经验的返乡务工人员是"新乡贤"的主要人群。在新时代，"新乡贤"成为凝聚乡情的纽带，是建设美丽乡村、实施乡村振兴战略的主力军。"新乡贤"作为乡村社会的精英群体，思想观念比较开放，接受新事物意识超前，熟悉农村发展的实际情况，与村民的沟通渠道通畅，在促进乡村文化复兴、化解农村矛盾、在乡村践行社会主义核心价值观、完善现代化农村治理体系、加强基层党组织建设、推动乡村旅游创新发展等方面发挥着重要的作用，是乡村社会全面快速发展的稳定器。在实现农村治理现代化的道路上，乡贤文化是必不可缺的重要力量。乡贤文化凝聚了中国传统乡村基层治理的智慧和经验，当下乡村现代化治理应当充分发挥乡贤文化的优势，为我国实现乡村振兴提供内在精神动力。[①]

2014 年 9 月，培育和践行社会主义核心价值观工作经验交流会上，时任中宣部部长刘奇葆说："乡贤文化根植乡土、贴近性强，蕴含着见贤思齐、崇德向善的力量"[②]，"要继承和弘扬有益于当代的乡贤文化，发挥'新乡贤'的示范引领作用，用他们的嘉言懿行垂范乡里，涵育文明乡风，让社会主义核心价值观在乡村深深扎根。同时，以乡情、乡愁为纽带，吸引和凝聚各方面的成功人士，用其学识专长、创业经验反哺桑梓，建设美丽乡村"[③]。2017 年中央 1 号文件也明确指出："培育与社会主义核心价值观相契合、与社会主义新农村建设相适应的优良家风、文明乡风和新乡贤文化。"为了更好地发挥"新乡贤"在乡村振兴中的作用，一些地方开始出台乡贤参事会的工作规范和标准，将乡贤参事会工作规范化、标准化。例如，2019 年 4 月，我国乡村旅游最发达的浙江德清县发布《乡贤参事会建设和运行规范》（DB 330521/T52—2019）地方标准，对乡贤参事组织性质、会员、机构成立、工作任务、工作制度、总体要求、民主协商、基金资助、会议举办等进行明确定位和规范，为我国的乡村基层治理提供了一个德清样板。

作为乡村振兴的重要支撑力量的"农业职业经理人"，可谓是"种田 CEO"，主要产生于新时代有一定文化程度的种养能手、返乡农民工、返乡居住的城镇居民、返乡复员转业军人和熟悉农业生产经营与管理的人才。作为促进农村产业兴旺的最重要促进力量之一，"农业职业经理人是指运营农业领域各种资源要素，运用现代经营管理理念和先进科学技术，专业从事规模化、集约化农业生产经营的组织者和管理者。农业职业经理人在为农民合作社、农业企业或业

[①] 杜熙，孟楠：乡贤文化助力农村治理现代化［J］.人民论坛，2018（24）：66-67.

[②] 刘奇葆.创新发展乡贤文化？中国文明网，2014-09-16. http：//www.xinhuanet.com//politics/2014-09/16/c_1112504567.htm

[③] 刘奇葆.创新发展乡贤文化？中国文明网，2014-09-16. http：//www.xinhuanet.com//politics/2014-09/16/c_1112504567.htm

主谋求最大经济效益的同时，从中获得佣金或红利，是新型职业农民群体中的领军人才，是促进农业规模化、集约化、标准化、品牌化发展的重要力量，是加快推进农业农村现代化的重要引领，在农业生产经营管理中发挥着越来越重要的作用，受到社会各界的广泛关注"[①]。

在乡村旅游发展中，要充分发挥"新乡贤"与"农业职业经理人"在乡村人才振兴中的中流砥柱作用，将"新乡贤"与"农业职业经理人"作为新时代乡村旅游发展中的最主要依托力量和创新力量。

五、乡村旅游的社会振兴——"党建＋乡村旅游"

根据中共中央印发新修订的《中国共产党农村基层组织工作条例》（以下简称《条例》），"领导本村的社会治理，做好本村的社会主义精神文明建设、法治宣传教育、社会治安综合治理、生态环保、美丽村庄建设、民生保障、脱贫致富、民族宗教等工作"[②]是农村党组织的主要职责之一，承担着"动员和带领群众全力打赢脱贫攻坚战，如期实现脱贫目标，巩固发展脱贫攻坚成果、防止返贫，组织发展乡村致富产业，推动农民就业创业，教育引导农民既'富口袋'又'富脑袋'，依靠自己的辛勤劳动创造幸福美好生活"[③]"坚持绿水青山就是金山银山理念，实现农业农村绿色发展、可持续发展"[④]"改善农村人居环境，倡导文明健康生活方式。传承发展提升农村优秀传统文化，保护传统村落，加强农村文化设施建设，开展健康有益的文体活动"等重任。

新时代农村党的建设，直接关系着乡村振兴战略实施的成效，是乡村振兴和乡村旅游创新发展的决定性力量。因此，"农村基层干

---

① 四川省农业厅.关于加强农业职业经理人队伍建设的意见［Z］.2018.

② 《中国共产党农村基层组织工作条例》（2019）。

③ 《中国共产党农村基层组织工作条例》（2019）。

④ 《中国共产党农村基层组织工作条例》（2019）。

部应当认真学习和忠实践行习近平新时代中国特色社会主义思想，学习党的基本理论、基本路线、基本方略，学习必备知识技能。懂农业，掌握'三农'政策，熟悉农村情况，有能力、有措施、有办法解决实际问题；爱农村，扎根农村基层，安身安心安业，甘于奉献、苦干实干；爱农民，对农民群众充满感情、始终放在心上，把农民群众的利益摆在第一位，与农民群众想在一起、干在一起，不断创造美好生活"①。

在乡村振兴战略实施中，农村党支部书记是承上启下的关键节点，是最重要的角色。村民是乡村振兴的主体力量，但村民只有在组织起来的情况下才能真正发挥主体作用。农村党支部书记是村民和"两委"的主心骨，是组织村民建设美丽乡村和促进乡村振兴的关键人物。

近年来，全国各地通过"党建＋乡村旅游"的发展模式，全面推进党建和乡村旅游融合发展，激发党建新活力，推动乡村旅游大发展。例如，四川省资中县宋家镇，通过党建引领、党员带头，将党建工作深度融入美丽乡村建设、全域旅游等，依托"千年梨乡·梨花文化旅游活动"品牌，在"千年梨乡"景区附近打造血橙园和藕塘等，发展观光农业，增加看点，不断壮大梨乡景区规模，打响了"千年梨乡"品牌，开辟出一条特色乡村旅游发展之路②。青海省大通县景阳镇结合自身优势，积极探索深化"党建＋文化旅游"的发展新模式，充分发挥党建在文化传承、项目攻坚等方面的核心作用，精准定位，科学谋划，弘扬民族民间传统文化，开发农业观光休闲旅游，促进生态文化旅游融合发展，成为当地的一张生态文化旅游名片。③江苏省淮安市清江浦区和平镇越闸村，通过"党建＋

---

① 《中国共产党农村基层组织工作条例》（2019）。

② 宋家镇党建引领助推乡村旅游，http：//nj.newssc.org/system/20181106/002544482.html

③ 景阳.以党建领航乡村旅游发展，http：//www.qhnews.com/newscenter/system/2018/07/13/012654716.shtml

乡村旅游"的发展模式，建成草莓园、葡萄园、桃园近 500 亩，再加上各种雕塑、假山、瀑布构成的景点，俨然成了一处小有名气的风景区，使得这个积贫积弱的偏远小村，一跃成为当地乡村旅游发展迅猛的富村强村。① 贵州省播州区平正乡红心村的党员李月亚，通过数十年的艰难打拼，如今在红心村创办的"山姑人家"农庄，已经成为远近闻名的农家乐，同时山姑人家成立的独具特色的民族歌舞表演团队，更是成为平正乡旅游发展的一张亮丽的名片。每年来此旅游住宿的游客络绎不绝。2015 年，李月亚荣获平正仡佬族乡致富带头人称号；2016 年获评遵义市"十佳最美扶贫人"；2017 年荣获全省"十佳脱贫攻坚者"称号。2018 年 7 月，李月亚荣登"中国好人榜"。②

实施"党建＋乡村旅游"，要抓住农村党建这个关键点，充分发挥农村青年党员示范作用，鼓励青年党员当好乡村旅游发展的先锋队，为推动乡村脱贫、乡村旅游创新发展提供坚强的组织保障，促进实现乡村旅游的社会振兴，促进社会稳定、和谐和繁荣。

① 【领航新征程】"党建＋乡村旅游" 让农村美起来 让农民富起来,http：//baijiahao.baidu.com/s?id=1585870472809329936&wfr=spider&for=pc

② 党建引领乡村旅游，http：//tougao.12371.cn/gaojian.php?tid=1682599

第六章 乡村旅游创新发展案例赏析

一、案例赏析：河南省卢氏县豫西百草园

（一）情况概述

豫西百草园是由国家 4A 级旅游景区豫西大峡谷投资建设的集中草药种植加工、民俗文化体验以及休闲观光为一体的农业旅游景区项目，豫西百草园总投资 1.2 亿元，以第一产业种植业为基础，种植观赏型中草药，注重大地艺术景观、芳香农业和多彩农业，做强观光农业；以第三产业（休闲旅游、休闲养生文化体验、民俗体验）为主导产业；以第二产业农林产品加工业为辅助产业，形成一二三产业联动的产业发展格局。

豫西百草园位于卢氏管道口镇新坪村河沟组，紧邻豫西大峡谷；始建于 2015 年，依托卢氏天然无污染的生态环境而建，是一处集中草药种植、中医药养生体验、四季水果采摘、特色民俗体验于一体的中医药生态旅游示范园区。

豫西百草园园内栽植规划面积 3 万亩，内设紫薇、薰衣草、菊花台三大观赏园，百果采摘园、二十四节气图、河沟古村落群以及千亩中药园，中药材核心示范区面积 1000 亩，其中连翘 300 亩，金银花 100 亩，葛根 200 亩，药用牡丹 200 亩，皂角树 200 亩，建设地点位于新坪村河沟组的 5 个片区，实行集中连片栽植的方法，区

域化布局，规模化发展。

豫西百草园景区立足中小学生社会实践，已逐步完成二十四节气图教育体验区、老物件展馆教育体验区、中草药教育体验区、芳香农业休闲观赏教育体验区、民俗体验教育区、国家非遗文化展示教育体验区六大功能分区的建设，让学生通过参观园区内的老物件、倾听年代故事、参观学习各类中草药知识、体验具有豫西特色的国家非遗文化项目等，增强学生观察、动手能力，激发创造灵感。

2018 年 9 月 3 日，河南省旅游局和安阳市人民政府共同主办的河南省研学旅游大会上，豫西百草园被评为首批 55 家河南省研学旅游示范基地。此外，由河南省旅游局联合河南省中医管理局依照《2018 年河南省中医药健康旅游示范区（基地）评定工作方案》相关要求，经过组织征集、材料核查、专家评审、现场检查、集体研究等环节，确定豫西百草园景区为河南省中医药健康旅游示范基地。

豫西百草园景区充分发挥所处豫西深山区气候、地理、区位优势，立足于卢氏"天然药库"的资源优势，把中草药种植和农业生态观光相结合，积极开发生态休闲农业，最终打造成以中草药、花卉观光为基础、医药养生为内涵，集观光游憩、休闲娱乐、养生度假、教育体验等功能为一体的综合型旅游景区。

（二）具体措施

1. 精准策划，准确定位

豫西百草园在建设前期，就通过旅游业内人士介绍并聘请河南旅游业界策划和规划专业口碑良好的河南科睿特旅游规划设计有限公司进行项目的前期精准策划定位和项目初期的整体规划。

规划分析了卢氏县相关资源后，提出围绕"三农三生"，打造美丽幸福乡村的发展思路；确定了以乡村旅游为支撑推动新坪村美丽宜居乡村建设的整体战略定位；按照"农村生态＋旅游"，变成美丽的观光旅游产品；"农民生活＋旅游"，变成丰富的体验旅游产品；"农业生产＋旅游"，变成高附加值的旅游商品的指导思想精心策划，确立了以第一产业种植业为基础，种植观赏型中草药，注重大地艺术景观、芳香农业和多彩农业，做靓观光农业；以第三产业（休闲旅游、休闲养生文化体验、民俗体验）为主导产业；以第二产业农林产品加工业为辅助产业，形成"一二三"产业联动的产业发展格局。

2. 用心规划，注重落地

项目最终通过专业规划团队的用心规划，充分发挥本项目所处豫西深山区气候、地理、区域优势，将园区建设和健康、养生、养老、休闲、避暑、体育等概念相结合，突出农旅一体、旅养一体、旅学一体、旅乐一体、旅体一体、旅商一体"六个一体"。不断加快大健康旅游目的地建设，将大健康旅游产业培育为卢氏新的经济增长点，打造豫西旅游产业升级版。

项目整合生态农业资源、溪流湖泊资源、山林生态资源、乡风民俗资源为一体，最终打造成为以中草药、花卉观光为基础，医药养生文化为内涵，集观光游憩、休闲娱乐、养生度假等功能于一体的综合型旅游景区。

项目根据新坪村河口村组的资源特征，结合当地自然条件，将产品布局规划形成"一心一核一带六大功能区"的战略空间布局。

［一心：游客服务中心；一核：河口村中草药养生休闲传统村落；一带：滨河景观带和旅游产业经济带；六大功能区：（1）公共服务区（包括沟口引景门、游客服务中心、展览馆及停车场）；（2）卢敖文化主题功能区（卢敖文化寻根与道医养生区）；（3）山林景观区；（4）民俗文化区；（5）养生文化区；（6）中药保健养生旅游商品研发加工区。］

3. 因地制宜，创新模式

豫西百草园核心区所在的新坪村河沟组是卢氏县贫困山区的代表，群山环绕，峡谷幽深，长期处于闭塞落后状态。全村 329 户人家，1183 口人，分为十个村民组，散居在 12 平方公里的沟沟岔岔中，贫困户多达 74 户，261 口人。河沟组 28 户，贫困户 4 户，几乎找不到一座像样的砖房，贫困户缺油少盐，村民以种植玉米、小麦为主，土贫地薄，亩产只有几百斤。在豫西百草园的发展中，一直把旅游扶贫作为重要的发展模式，百草园采取"公司＋种植基地＋农户（贫困户）"的方式，实现"土地集约化、种植特色化、农民职业化、销售网络化"运作，把旅游观光、养生体验、农业休闲有机结合起来，带动附近村民迅速发展。

豫西百草园于 2015 年年初开工建设，目前基础设施都已完善，能满足游客相关旅游需要；完成了金银花、油牡丹、彩芍药、连翘为主的 1200 亩中草药示范园区；薰衣草园、紫薇园、菊花台、鲁冰花、

二十四节气图等几大观赏区以及春有樱桃、夏有苹果、秋有石榴、冬有红果四季飘香的百果园和彩叶观赏区。对河沟村 28 个民居院子全部进行修旧如旧改造，打造以"年代故事"为主题的民俗园，开设养生茶坊、酒坊、磨坊、豆腐坊、"光阴故事"老物件展览、"激情燃烧的岁月"红色年代物品展览、乡愁（特产）专卖、豫西特色美食体验，做到"一院一品"，让游客回忆童年趣事，体验劳动的乐趣。

豫西百草园在开发建设促进旅游大发展的同时，更促进了当地的劳动就业，拓宽了村民的增收渠道，创新了当地农民增收的四种模式：第一，村民土地租给景区获得"租金"收入；第二，村民在百草园务工获得"薪金"收入；第三，村民以旧房入股获得"股金"分红；第四，通过开办农家乐、做小生意获得收入。通过这一模式既实现带贫又实现了贫困户的稳定脱贫。2016 年附近村民栽植玉米和烟叶收入普遍下降，河沟组的群众收入却比往年明显增加。

（三）启示借鉴

1. 整合资源，找准定位

豫西百草园整合生态农业资源、溪流湖泊资源、山林生态资源、乡风民俗资源为一体，打造成为以中草药、花卉观光为基础，医药养生文化为内涵，集观光游憩、休闲娱乐、养生度假等功能于一体的综合型旅游景区。

同时，豫西百草园以"旅游 +"为龙头，打造完整的产业链。从传统的中草药种植，到大地景观的再造，再到乡村旅游的开发，以及餐饮、民宿、农家乐、文创等系列产品的打造，豫西百草园已经形成了比较完整的产业链，自我造血功能比较完备，可持续发展模式已经成型。

2. 规划落地，宣传到位

豫西百草园自开业以来，受到了游客的普遍好评，目前已接待游客数十万人。2017 年国家领导人、河南省委省政府领导到百草园考察给予了殷切希望，市县领导也多次到百草园调研。中新网、新华网、《河南日报》《三门峡日报》等20多家媒体先后大幅刊登了豫西百草园的先进典型事迹。

3. 旅游扶贫，效益显著

豫西百草园核心区所在的新坪村河沟组是卢氏县贫困山区的代表，群山环绕，峡谷幽深，长期处于闭塞落后状态。全村329户人家，1183口人，分为十个村民组，散居在12平方公里的沟沟岔岔中，贫困户多达74户，261口人。

目前，豫西百草园共带动当地群众56户186人开展农家乐等增收方式，其中带动贫困户35户116人。未来，豫西百草园将会持续扩大规模，计划再种植中草药30000亩，把中草药特色产业与生态旅游结合起来，拉长产业链条，发挥企业带动作用，形成产业扶贫辐射效应，相信将会带动更多的贫困村民脱贫致富，实现"富民又富企"的双赢发展。[①]

二、案例赏析：四川省崇州市竹艺村

（一）情况概述

道明镇竹艺村并不是行政村，而是目前崇州市道明镇龙黄村九、十一、十三组所在区域，占地面积123亩，包括86户村民。在当地，道明竹编已拥有2000多年的编织历史，竹编手工艺也是过去当地匠人谋生的主要技艺。2013年，中央美院受邀前来实地考察黄龙村，最终提出将最靠近公路的九、十一、十三组所在范围规划成为竹艺聚集区，作为竹艺村的雏形；借由竹编艺人聚集、竹编产业艺术化的方式，将竹艺村打造成为"文创旅游的创新创意示范区"。

2017年，崇州市市属国有公司四川中瑞锦业文化旅游有限公司正式接手竹艺村的打造工作。本着产业升级，打造竹编文化城市名

---

① 参考河南省卢氏县豫西百草园旅游景区官网资料。

片的目标，公司对当地产业进行深入研究；在调查中发现，当地虽然有精湛的竹编手工艺，但设计和创新理念有所不足，要想实现产业的升级，还需引进创意、艺术、设计类人才进入竹艺村。因此，中业文旅以《太平时》为设计任务书，向全球发起公开招投标，上海著名建筑师袁烽及其设计团队在前来竞标的中、日、韩三国近 30 家设计团队中脱颖而出——"竹里"项目应运而生。

这座建筑的名字来源于曾任蜀州（今崇州）通判的陆游，在造访道明镇的白塔禅院时，写下了"竹里房栊一径深，静愔愔。乱红飞尽绿成阴，有鸣禽。临罢兰亭无一事，自修琴。铜炉袅袅海南沉，洗尘襟"之句。设计师团队由此获得灵感，团队将当地的传统竹编工艺以一种巧妙的方式融入其中，希望这种古老技艺能借此得到传承和复兴。由于设计师提前一个月在上海工厂预制了 80% 木结构构件，只用了 52 天，这座巧妙绝伦的建筑便得以呈现在世人眼前，诗中淡雅悠远的意境被完美呈现。

2017 年 3 月，崇州市道明镇竹艺村正式对外开放，凭借优美的自然景观和改造后的田园风光，依托网红建筑"竹里"，竹艺村一跃成为成都人民朋友圈的网红"打卡"点，成为成都乡村"农商文旅体"融合发展的典范。之后，竹艺村代表中国农村走进威尼斯建筑双年展。在抖音、快手上，关于道明竹艺村的视频风靡一时，流量达人和川西林盘建筑同时进入镜头，成为新晋"网红"；"竹艺村现象"席卷全国，各级地方政府纷纷前来学习。

（二）具体措施

1. 文旅契合，多方联动

2016 年 9 月，"竹里"着手开始打造；2017 年 3 月，竹里正式投入运营；竹艺村时尚、文艺范儿的田园生活吸引不少人前来参观、游玩；一经亮相便收获了一大批业内外粉丝。以竹里建筑和竹文化为依托，竹艺村衍生了住宿、旅游、文化手工体验等相关业态，众多新村民也纷纷受到招募加入竹艺村，为这座川西平坝村落增添丰富的体验感和文化魅力。

竹艺村除了网红建筑"竹里"外，还集合了竹编博物馆、来去酒馆、三径书院、遵生小院等丰富的旅游业态。同时，竹艺村还将当地特色竹编文化深度融合在项目的打造中。随着人才和新兴业态的不断加入，竹艺村不断扩展，影响力逐渐蔓延至周边乡镇。其中，作为新村民创办的三径书院，做图书阅读，办放翁讲堂、公益课，通过书院这个平台，形成文化的交融，这种生活方式和社交场景的搭建作为去精英化的大众传播，让更多人有机会在大自然中、在诗书里，满足内心和精神层面的需求。

而遵生小院的创始人冯玮通过"民俗手工生活体验馆"，与当地村民合作结合当地资源与特有的技艺研发出自然、健康、有趣的食品、用品、手工艺品，让当地的老百姓和游客在学习民俗活动时，不会只流于形式，而是真正传习传统文化的灵魂。

2.专注产品，工匠精神

竹艺村的网红建筑"竹里"，正是对产品主义和工匠精神践行的最好见证。专注于产品主义的竹艺村绝不是做好竹子产品这么简单，而是用文化和品牌思维、战略和信念思维来重新认识竹产品和新的乡村建设，从而引发情与景、物与人的和谐共生。

在竹艺村作为一个有着深厚历史底蕴的传统村落，在新乡建的过程中考虑的不仅是建筑本身的问题，更多的考量是对当地人文地脉的尊重与发掘，让建筑本身与村落和谐共生，竹里的外围空间包裹着层层竹林，通往主体的小径曲折迂回，颇有古法造园的韵味，建筑的外墙通过与当地竹编艺人多次配合最终以参数化的设计再现了竹编技艺的精美巧思。袁烽及其设计团队用轻型预制的钢木构架支撑起一个内向折叠的环形青瓦屋面，这种形式来源于无限符号"∞"，也是太极图案的变形，代表融合与无限。圆形小青瓦房与周围竹林、树木、远山相得益彰。建筑内部中庭有水景与山景，体现出"天人合一"的道家传统思想与现代设计美学。

竹艺村在新乡建的过程中坚持不大砍大伐、不大修大建的生态保护原则，原有民居院外的田野沟渠和院里的树木、围墙都保存了下来，墙体在敲掉瓷砖后加固刷白，另加了玻璃窗增加采光，基本保存了川西民居"外有野趣、内有朴拙"的风貌，从而为外界呈现了一个自然生长的原生态的村落。

3. 精准营销，借势而行

竹艺村因文创而成为网红"打卡"地，其走红的本质是核心竹子产品的文创研发和市场精准营销共同作用的结果。建筑点亮乡村，专业人才的聚集是竹艺村走入公众视野的第一步，从前期向全球发起设计任务书，到代表中国农村走进威尼斯建筑双年展，"竹里"成为"教科书"级作品引发建筑行业热捧，建筑行业及相关行业的人才蜂拥而至。

竹艺村在营销定位上，采用"艺术点亮乡村"的精准定位，让竹艺村更具吸附和传播效应。截至目前，竹艺村已举办众多蜚声国内的文化艺术及演出活动。除了与建筑和艺术相关的日常沙龙分享之外，还有海外艺术家驻留项目、儿童艺术节、非遗集市等各种各样的艺术活动。

例如，为了让来自六个不同国家、不同文化背景的海外艺术家感受竹艺村"竹文化"之美,竹艺村运营团队为他们设计了丰富的包括体验中国功夫、书法、竹编手工艺体验、中国茶品鉴等内容的中国传统文化体验课程。这些传统文化体验课程不仅让这些海外艺术家印象深刻,而且在这些文化课程的体验和交流过程中真切地传播了中国传统文化的精髓,起到了广泛而良好的宣传效应。

4. 以竹为媒,产业振兴

竹艺村能够迅速发展的根本原因在于"以竹为媒介,为竹子产业提升赋能,融合乡村旅游和文创产品,从而实现真正的乡村产业振兴"。竹艺村传承悠久的竹子产业,在现代化的社会发展浪潮中,并没有给当地村民带来良好的社会文化和经济等方面的收益。但在传统竹文化的基础上,结合文化创意产业而形成的"文创竹产品"等则注重改变产品的实用性和附加值而获得较好的市场利润。通过网红建筑产品"竹里",消费者对竹编和竹文化有了新的文化认同感,使得竹编和竹文化的价值最大化,从低端商品上升到艺术品、建筑材料的层级,而以"竹"为核心的产业运作模式则为村民带来了切实的经济效益。

同时,竹艺村是崇州探索推行宅基地所有权、资格权、使用权"三权分置"改革试点,农户的闲置资产在乡村旅游和新乡村建设的发展过程中得以盘活,村民们除了在土地流转中获益,传统的竹编技术家庭更是收入翻番,全村居民整体收入获得了明显提升。

在竹艺村,游客不仅可以赏竹品茶,还能在"竹文化博物馆"欣赏当地竹编匠人艺术创造性的手工艺品。经验丰富的当地竹编匠人凭着自己的经验和创意为不同需求的客人"私人定制"各类文创工艺品。他们不仅传承了古老的竹编技法,而且在竹编和竹文化的附加值提升、竹子特色产业做大后,工匠的收入也随之水涨船高,传承竹编手艺的积极性也更高,道明竹编和竹文化因此在新的乡建过程中焕发出了蓬勃生机。

（三）启示借鉴

1. 顶层设计较好，落地执行迅速

2016 年 8 月 3 日，竹艺村项目正式启动。2017 年 4 月，"竹里"正式对外；2017 年 9 月 14 日启动竹艺村的改造；2018 年 2 月 10 日，三径书院、遵生小院、来去等首批项目正式落成开放。

良好的顶层设计，极致的高效与执行力，使得竹艺村的走红成为必然。崇州市委主要领导，从第一次召集中业文旅和相关策划、规划团队探讨竹艺村时，就从竹艺村顶层设计到整个策划理念落地进行了详细的规划和分工。

如果说情怀、产品、营销、模式是竹艺村成功的"天时地利"，那么政策与市场的高度契合则是"人和"。竹艺村的顶层设计符合乡村振兴和乡村经济发展的趋势，得到了成都市、崇州市等各级政府的支持和关怀，而这些支持不仅是政府补贴、政策层面的，更是执行层面的，当地政府在乡村基层工作上下了很大功夫。

乡村振兴战略是当今中国乡村发展的核心战略，也是中国乡村未来的大势所趋。乡村经济的振兴是乡村振兴的重要内容，"文创＋乡村＋艺术"的融合发展模式将会在乡村振兴和乡村旅游市场上迅速蔓延。

2. 竹产业为基础，新业态为内容

竹艺村以传统竹子产业为基础，结合竹子文化创意产业，融合艺术、文创等新兴业态打造产品，从而使老产业焕发出了新的活力。投入大、回报周期长是传统文旅项目的痛点，因此，"竹里"如何持续焕发生命力，不只是竹艺村的运营团队需要深入思考的问题，也是我们每一个旅游从业者都需要深入思考的问题。

因此，在传统竹文化的基础上，"竹艺村"大力发展文创艺术等多种新型业态。三径书院、遵生小院、来去小酒馆、竹编文化博物馆等业态不仅在竹艺村融合得很好，而且都是正向盈利的。未来，随着竹艺村的扩建，整个文创艺术乡村的体系会不断变大。"艺术馆""精品民宿"等一批新的乡村旅游业态会不断叠加，现有的业态也会不断丰富并制造新的文化体验，最终形成竹艺村独有的新乡村建设的循环体系。①

三、案例赏析：四川省蒲江县甘溪镇明月村

（一）情况概述

明月村位于唐宋茶马古驿蒲江县甘溪镇，是成都西南部一个偏远的丘陵乡村，距离成都市区 90 公里。全村 727 户农户，2218 名村民，长久以来，村民们都过着恬淡质朴的生活，村子里有 7000 亩的生态雷竹和 3000 亩的茶园，采笋、制茶是生活的主要经济来源，部分村民还会烧制简单的陶器，贴补家用。

---

① 参考"天府文旅"微信公众号《深度解密："网红"竹艺村的生长逻辑》。

明月村的新乡村建设是从传承 300 多年的明月窑开始。明月村地处大五面山浅丘地带，该地为蒲江、邛崃、雅安交界地带，是四川高岭土储藏量最大的区域之一，自古以来一直有人建窑、烧窑，其中一口龙窑有 300 余年历史，因主要烧制民用杯、盘、碗、盏，本地人称张碗厂。

2012 年年底，民间陶艺师李敏来到明月村，她惊讶地发现村子里居然有 4 口古窑，而有 300 多年历史的明月窑直到 2008 年"5·12"汶川特大地震后才停止烧制。李敏发现张碗厂的龙窑后，随即邀请陶艺专家前来鉴定，并随之致信蒲江县政协原主席徐耘，计划在明月村发展邛窑产业，通过成立明月国际陶艺村，恢复明月窑，在明月村建立起以陶为主的手工创意聚集区，用 3~5 年时间将明月村打造成为陶瓷文化的国际旅游目的地。

因此，当地政府决定确立明月村以陶为本走文创兴村的道路。徐耘作为资深文创项目操盘手，非常了解人是第一生产力，"以人为本"的社区营造实践，离不开制度保障，"以人为本"的制度设计，需要操盘团队始终把目光投向人，通过共同的目标"安居、乐业、家园"和高效率的协同工具（手机、微信群），在"无组织的组织"中一致行动，让明月村超越亲缘和地缘，因共同的精神追求和经济利益而形成生命共同体（community）。

但政府和资本需要有所约束，应该设计一种制度来吸引多元主体共同参与，互相制衡，健康发展，通过明月村项目探索出一套乡村建设的工作手法：从政府部门抽调人员组建工作组，驻村工作，由工作组统领项目规划和招商，引进一批新村民成为"双创（乡创＋文创）引擎"，让老村民以出租房屋、在地创业、到新村民项目上参加工作等方式加入明月村的发展中。

2014 年 4 月，经推荐，蒲江县将陈奇引进到蒲江城乡建设发展有限公司，以副总经理身份专司明月村项目，任项目具体负责人（陈奇是蒲江本地人，川大文化产业运作与管理专业研究生毕业后进入成都文旅集团，参与过西来古镇的策划、运营及西岭雪山项目的策划），又从政协抽调王敏，蒲江小学抽调李华，白云乡抽调周睿，组建明月村工作组。

2014 年 10 月，陈奇团队开始从传承百年、焕发新生的明月窑出发，以一批环线上的闲置农家院落为突破，重点引进与陶艺相关的新村民。2015 年 1 月至 2016 年 10 月，明月村包括"蜀山窑"和"蜀山小筑""清泉烧""火痕柴窑工坊""张家陶艺"等项目在内的陶艺相关项目共有 8 个，培育起一个超过 100 人的陶艺、手工艺、传统文化创客社群，为明月村的产业发展奠定了"乡创＋文创"的基础。

经过几年的持续努力和发展，明月村最终形成了以"陶文化"为主题的人文生态度假村落，并凭借其独特性和包容性被评为"中国乡村旅游创客示范基地"、四川省文化产业示范园区和四川省成都市的重大旅游项目，也被认为是近年来国内乡村旅游项目打造中最为成功的典范之一。

（二）具体措施

在"乡创＋文创"的基础上，通过文创项目形成社群经济来带动乡村建设和社区发展，必然要引进一批新村民，老村民作为产业发展的另一主体同样需要参与这一过程。因此，在大力发展新村民的同时，明月村以政府投入改造微村落带动和支持老村民创业，引导老村民和村集体形成组织发展社区产业，设计制度保障新村民合法权益，营造公共空间帮助新老村民相遇。

1. 改造微村落，带动原有村民创业

根据明月村"乡创＋文创"的基调，操盘团队在"茶山、竹海、明月窑"的产业本底上规划出瓦窑山、谌塝塝两个老村民创业区，将艺术家院落和老村民相对集中的谌塝塝改造成新、旧融合的微村落，又协调出一块村集体的土地建设成荷塘和沙坑，用集装箱做成陶艺体验空间，将游客导向谌塝塝并聚集和停留；在瓦窑山，规划出停车场，沿着地势起伏用碎石小路在竹林、住户和馒头窑之间串联起一条游线，游线两边的茶田里遍植海棠。

瓦窑山和谌塝塝的微村落改造为老村民搭起了创业平台，很快，谌塝塝人气见旺，40 岁的吴老板改造房屋开竹林柴火鸡，70 岁的杨大爷在自家天井里卖豆花饭，刚刚大学毕业的年轻人也回来把自家房屋改成民宿和电商驿站。靠近瓦窑山的张冲，一户人家改造自家院子成为民宿，另一户人家把老房子改造成带有农产品展示和销售功能的餐厅。自 2015 年 7 月至今，明月村老村民创业项目已经有 30 多个。

2. 成立合作社，发展集体产业经济

经过 40 余年的改革开放，受城市化快速发展和原有独生子女等政策的影响，"乡村空心化、社会原子化"是当前农村的现实写照。中国乡建院的李昌平院长曾提出"农民组织能力决定农业生产力"的观点，他认为中国农村存在"农村组织供给无效"与"金融供给无效"两大难题，其解决之道在于"以内置金融合作社重建村社共同体"。

明月村通过原有微村落的改造，确立了"村民参与、村民主体"的产业发展道路，但个体经营不足以支撑形成社区产业，经工作组讨论，提议由村集体、村民、财政产业扶持资金各出资 1/3，成立以村民为主体的合作社，并提出财政产业扶持资金不参与分红和聘请职业经理人管理两条具体的发展指导意见。

2015 年 3 月，由 25 位社员自愿筹资共 30 万元，加上财政的 30 万元和村集体的 30 万元，启动资金总额 90 万元的成都明月乡村旅游专业合作社成立了。合作社成立后，聘任返乡青年双丽担任经理，经理没有股份，不拿工资，如果经营得好则领取盈利部分的 20% 作为报酬。

在双丽的领导下，明月乡村旅游专业合作社成员陆续开发了茶、竹、陶、印染等特色旅游产品，经营农夫集市、手工社、乡村工坊、自行车租赁、停车场管理及观光游览车经营等旅游配套项目，除了对村民进行讲解和游览车培训，也对村民开设的餐饮及客栈进行指导和培训，还联合新村民对本地村民进行传统技艺培训，如陶艺、印染、篆刻培训。经过一年多的发展，合作社现有股民 37 人，股民投入的股本现金由成立之初的 30 万元增加到 43 万元，带动老村民创业项目 22 个，新村民租用老村民旧房改造项目 19 个，合作社自营项目 6 个，开发旅游产品 10 余种；集体产业和社区经济在乡村建设的过程中获得了明显的增长和提高。

3. 引进新村民，提供有效入驻方案

明月村在新乡建的过程中，通过微村落改造和成立合作社两件事，确立了老村民在明月村乡村产业发展过程中的主体地位。随之，引入新村民作为明月村"双创（乡创 + 文创）引擎"的定位也更加清晰，必须在土地制度和创业环境上有所保障，才能吸引新村民进驻，并与政府、老村民、社会组织、专业者形成合力，营造出一个共创共享的安居乐业家园。

工作组为新村民设计出两套科学有效的进村方案：一是改造旧有院落：将农民移居他处或外出务工而闲置的农家小院，协调出 15~20 年的租期，引进符合产业发展需求的艺术家，并提供一定数额的改造补贴；二是买地自建房屋：调剂汶川大地震和芦山地震两次地震后的建设指标到明月村，规划为 40 年产权的商业用地，将 187 亩国有建设用地按 3 个功能组团划分成大小不等的 17 个地块，通过土地招拍挂手续引入多元化的社会资本，为明月村"安居、乐业、家园"的生活理想提供建设基础和制度保障。

制度保障和建设基础有了，工作组开始寻找合适的新村民。在朋友的推荐下，徐耘考虑到宁远的影响力，他认为非常适合请她来举旗，遂到宁远位于成都市高新西区的工作室登门拜访，并发出入驻明月村的邀请。2015 年 1 月，宁远来到明月村，并开设了草木染品牌"远远的阳光房"。

之后，宁远的一些朋友也陆陆续续买下 6 块土地，宁远的弟弟去上海参加培训，把 i20 青年发展平台的联合发起人陈瑶带到了明月村，陈瑶回上海去找到赵晓钧，赵晓钧的上海乡香文化发展有限公司拿下了 3 块地，用来建设精品酒店、乡香明月项目和明月剧场。

通过这些科学有效的驻村方案，新村民的引进问题得到了有效的解决和保障，而新村民的进入，不仅带来了丰富多样的业态和平台，还给老村民带来了理念上的改变和发展，新旧村民的不断融合发展，同时也给明月村的新乡建带来了持续的发展动力和力量源泉。

4. 开设大讲堂，融合不同文化社群

明月村南入口的接待中心是一座别致的建筑，因表面大量使用鹅卵石，村民称"石头房子"，共有 7 个房间，分别是明月国际陶艺村接待中心、服务中心、展厅、明月村旅游专业合作社、明月村新媒体、明月书馆、甘溪镇综合文化站。

"石头房子"不仅是明月村的门户和社区文化活动中心，也成为明月村社会组织参与乡村建设实践的大本营。明月村通过"石头房子"，提升社区居民在生活情境的美学层次，引入社会组织从文化和教育活动入手，让不同社群相遇并产生对话，为乡村建设展示出另一种可能，也展示了社会组织参与乡村建设的重要性。

明月书馆是在蒲江县文化局指导下，经整合甘溪镇龙泉社区图书馆、明月村农家书屋和新民村农家书屋后建成的明月书馆，供明月村、新民村、龙泉社区三个村社 6000 余人共同使用，通过"三馆合一"促进融合并形成了"大明月村"的范围和概念，为明月村社群经济的形成与乡村建设的实践提供一片更加广阔的田野。

明月书馆还创新性地积极引入民间阅读组织"3+2 读书荟"，用文化凝聚人心，以教育支持行动；除负责日常开放外，还根据新、老村民实际需求，组织师资开办"明月夜校"，从如何经营民宿到日本乡村考察见闻都有专人分享，营造起"明月村——学习村"的良好氛围，有效助推明月村产业升级。

"明月讲堂"是"爱思青年"与"3+2 读书荟"合作设立的公益性讲堂。他们定期邀请乡建、文创领域的专家、学者等到明月村讨论"乡村建设与文化传承"，每期讲堂都是村里的盛会，从城里来听讲座的听众为村里的经营户增加了营业额，还有专家讲课后到村民的项目上去实地指导。"i20 青年发展平台"作为一个全国性的返乡青年支持平台，陆续请来了台湾文化创意产业联盟协会荣誉理事长李永萍、台湾最美民宿"天空的院子"创始人何培钧等文创大咖在明月讲堂做分享，还通过夜校发起"明月村茶田保育计划"，用文创力量带动产业升级。

还有"夏寂书苑"则专注社区营造和自然教育的研究与实践，自 2016 年进入明月村后，"夏寂书苑"不定期与书馆合办"明月村自然课堂""乐毛的家在明月村"系列讲座、"绘本工作坊""情意自然分享会"等教学活动，带着村民和孩子们穿行村中，认识家乡。

因此，这些丰富多彩的大讲堂及内容的开展，不仅丰富了明月村的文化创新，而且有效地融合了老村民和新村民及游客等不同的文化社群和团队，为明月村的文化创新和新乡建之路的可持续发展奠定了坚实的基础。

（三）启示借鉴

1.挖掘地域文化，明确市场定位

追根溯源，明月村的新乡村建设是从明月窑开始的。明月窑是中国邛窑的典型代表，而邛窑更有着辉煌的历史。邛窑是始烧于南朝衰于宋朝，时间跨度约 800 年的中国古代陶瓷名窑。邛窑不仅是我国古代青瓷的重要产地，也是最早对陶瓷器进行彩绘装饰的窑址，其作品釉色丰富多彩、鲜艳夺目，被认为是我国彩绘瓷的发源地。

明月村地处大五面山浅丘地带，该地为蒲江、邛崃、雅安交界地带，是四川高岭土储藏量最大的区域之一，自古以来一直有人建窑、烧窑，其中一口龙窑有 300 余年历史，因主要烧制民用杯、盘、碗、盏，本地人称张碗厂。李敏发现张碗厂的龙窑后，才有了明月村后来"国际陶艺村"的定位。

2015 年 1 月开始，明月村以"安居、乐业、家园"为目标，按照以陶艺手工艺为主的文化创意聚落与文化创客集群；新老村民共创共享的幸福美丽新乡村的精准定位，引入陶艺、篆刻、草木染等文创项目，带动乡村旅游和生态农业的发展，促进一二三产的深度融合发展，这个原来的市级贫困村逐渐成为全国知名的农、商、文、旅融合发展的文创新乡村。

2. 引进外来人才，融合新旧村民

近年来，蒲江县委、县政府还高度重视人才队伍建设工作，蒲江县出台《关于进一步加强人才激励若干措施的意见》激励措施，通过灵活的人才认定（评定）机制和丰富的待遇项目，大力引进各类高层次人才。县财政每年安排 5000 万元人才专项资金，用于各类人才的引进、资助、扶持、激励，发挥人才在最美现代田园生活新城建设中的支撑示范作用。

在明月村，有引入的蜀山窑陶瓷艺术博物馆、远远的阳光房草木染工房、明月轩篆刻艺术博物馆、明月剧场、火痕柴窑工坊、呆住堂艺术酒店等文创项目 45 个；国家工美行业艺术大师、著名陶艺家李清，服装设计师、作家、主持人宁远，水立方总设计师赵晓钧，美国注册建筑设计师施国平等新村民 100 余人。

新村民的入驻，不仅带来资金、理念、品牌、资源、新的生活方式，带动了明月村产业、文化的快速发展，而且对原住民进行产业、技术、文化方面的培训，吸引了众多大学生、村民返乡创业。在新村民的带动下，明月村原住民创业项目已有近 30 家，产业与文化蓬勃发展。

"明月窑"体验中心是明月村乡村建设最具代表性的项目，几乎每个来明月村的人都要进门参观，只要站在这里看看陶器如何从手中产生，就能感受到这口百年古窑为明月村赋予的严肃的时间性。从明月窑开始，明月村陆续引进制陶、染布、刻印等文创项目，并散落布局在松林茶田，与农耕时令相交织，在提升村民艺术修养同时，也增添了游客的生活文化和旅游体验，用经济与文化的同步发展诠释出美丽乡村建设的真谛。

新村民的加入，无论是在规划、建筑创新、文艺活动或是文创产业的发展上，只有获得原有居民的认同，容纳原有居民的想象，激发原有居民的参与，才能获得在地的生命和发展。明月村在新旧村民的融合方面下足了功夫，从书院到讲堂再到演艺，从田园到文化再到艺术，随着新旧村民的不断融合，明月村的文创乡村发展之路也越来越宽广。①

四、案例赏析：浙江省安吉县鲁家村

（一）情况概述

安吉县鲁家村位于递铺镇的东北部，距离县城 5 公里路程，东邻昆铜乡梓坊村，南接本镇南北庄村，西连本镇马家村，北邻溪龙乡横杜村。鲁家村面积 16.7 平方公里，人口 2100 人，党员 70 人，10 个党小组，辖 13 个自然村，16 个村民小组，农户 610 户。

浙江省安吉县递铺街道的鲁家村几年前还是一个出了名的穷村，作为往昔全县最穷的鲁家村，寻找新的经济增长点成为发展的唯一出路，在当前乡村振兴和乡村旅游政策大力扶持的大背景下，建设美丽乡村、发展美丽经济这条道路显得无比正确。

2011—2016 年，鲁家村转型发展以来，村集体资产从不足 30 万元增至近 1 亿元，村集体经济年收入从 1.8 万元增至 286 万元，农民人均纯收入由 1.95 万元增至 3.29 万元，实现了村集体经济的迅速壮大和农民收入的显著增加，如今已成为"开门就是花园、全村都是景区"的中国美丽乡村新样板。鲁家村的成绩得益于其开创性

---

① 参考明月村官网"明月村理想村"微信公众号资料以及"夏寂书苑"公众号《蒲江明月村乡村建设纪实》。

的家庭农场集群模式，即利用本村的 4000 多亩低丘缓坡，建设 18个各具特色的家庭农场，通过社会招商吸引外部资本和专业机构投资运营。

作为中国美丽乡村的新样板、国家田园综合体试点工程，安吉县鲁家村项目取得了新乡村建设的巨大成功。同时，鲁家村以"公司＋村＋家庭农场"的模式，启动了全国首个家庭农场集聚区和示范区建设，将美丽乡村田园综合体"有农有牧、有景有致、有山有水、各具特色"的独特魅力呈现给世人；先后被评为"体育先进村""先进民兵连""工业发展先进村""安吉县信用村""湖州市三星级老年星光之家""2011 年度美丽乡村精品村"、勤政为民"十佳村班子""好党支部""县级文化体育示范村""市级绿化示范村""市级信息化示范村"等。

（二）具体措施

1. 梳理现有资源，确定核心产业

鲁家村村里原来有许多宅基地、集体建设用地、闲置土地、山林等资源，但这些资源前期一直在闲置，并没有变成资本。因此，梳理鲁家村一切资源，确立全村发展的"核心"产业，并围绕"核心"产业进行产业链长度和维度的扩充，并最终形成一个完整的体系，是摆在鲁家村村委面前的首要任务。

鲁家村作为一个经济落后的贫困村庄，只有最原始的小规模耕作农业，没有名人故居、没有古村落、没有风景名胜、没有主要产业的"四没有"状态让鲁家村的发展未来成为一张白纸，既充满挑战，也充满机遇。"美丽乡村"最直观的感受就是美丽的环境，这是乡村建设最基本的要求；同时，美丽的文化让乡村充满内涵，更具人文气息；最后是美丽的生活，让村民参与到乡村建设中去，带动原有的经济发展，共同感受家乡的美好改变，是建设美丽乡村的重心。

因此，按照习近平总书记"绿水青山就是金山银山"的号召，鲁家村最终确定在现有的上千亩可供开发的丘陵缓坡等生态资源中挖掘亮点，从自然角度出发，以创新思路进行乡村建设，从而确定了"主题农场聚集区"的核心定位——建设为有明确主题和特色的家庭农场，这对追求自然耕种的城市人群有着极大的吸引力，而广阔的土地可以作为众多主题农场的聚集平台。

同时，鲁家村花了300万元请专业旅游规划公司对整个村子进行村庄环境规划、产业规划和旅游规划；将村里的宅基地、集体建设用地、闲置土地、山林等资源，通过土地流转，将土地资源变资本，吸引更多外来的企业工商资金进入乡村。规划按照村庄原有的脉络进行梳理，策划新产业，引进新思想，让更多年轻人回到村庄，将规划与运营有机结合，让美丽乡村产生美丽经济；创新产业规划设计，打造合理的乡村空间格局、产业结构、生产方式和生活方式，促进乡村人与自然和谐共生，让更多人爱上乡村。目前，鲁家村已引入外来工商资本近20亿元。

2. 注重产业融合，坚持市场导向

乡村振兴的核心是产业振兴，美丽乡村的建设发展同样离不开产业的支撑。2013年中央一号文件提出"家庭农场"概念，于是鲁家村提出了"打造家庭农场聚集区"的理念，在全村范围内建设了18家差异化的主题农场，同时鼓励本村现有农户扩大产业，比如种植白茶，种植铁皮石斛，饲养野猪、野山羊等。同时引进社会资本，打造花海世界、百亩竹园等景观。农场建设起来之后，鲁家村又引进了专业的旅游公司来负责经营，形成"公司＋村＋农场"的经营模式，三方共同建设并实现利益共享。

在发展过程中，鲁家村一直比较关注一二三产的融合发展，与浙江省农科院合作打造属于鲁家村自己的农业高新产业园区。因为传统的农业种植难以提升土地的附加值，只有发展文化创意和休闲农业，把田园变乐园，把村庄变成旅游景区，才能大幅度提高土地的相关收益；同时要让生产劳动更具乐趣、让加工生产更具体验性，才会提升相关产品的附加价值；因此鲁家村在后期注重开发伴手礼等土特产品，扩大"安吉鲁家"知名度，形成各种产业收益的互补。

同时，鲁家村坚持按照"市场为主导，企业为主体"的原则，坚持走市场化、专业化的发展道路，引进专门的景区管理经营公司，专注鲁家村景区的管理和对外营销宣传。在具体开发中，根据各个农场的具体情况，侧重打造其中某一项或几项功能，形成各具特色的旅游项目，从而带动整个区域的发展。通过市场化的机制，让农场持续开发与之相适应的不同类型、不同层次、不同规模的乡村旅游产品，从而使各个农场内休闲项目通过有机组合而成若干条旅游线。

鲁家村的旅游休闲项目不仅开设垂钓、果蔬采摘、农事耕种体验等传统农耕文化项目，而且还融合了乡村观光、亲子游乐、休闲度假、康体运动、主题文化体验、商务会议、养老居住等多种旅游产品和休闲度假功能，打造出特有的"鲁家田园综合休闲旅游系列产品"。

3. 完善顶层设计，创新组织架构

为建设美丽乡村，发展家庭农场，鲁家村不惜出资 300 万元，聘请高端专业团队，按照 4A 级景区标准对全村进行规划设计。先期设置的 18 个家庭农场，则根据区域功能划分，量身定制各自的面积、风格、位置、功能等。其中包括一个核心农场，位于中心村，其余 17 家农场错落有致地分布在四周。18 家农场分别以野山茶、特种野山羊、蔬菜果园、绿化苗木、药材等产业为主，没有一家重复，这是鲁家村家庭农场的特色。此外还设计了一条 4.5 公里的环村观光线，将分散的农场串点成线，使之成为一个整体。

鲁家村采用"公司＋村＋家庭农场"的组织运营模式，与安吉浙北灵峰旅游有限公司共同投资成立安吉乡土农业发展有限公司、安吉浙北灵峰旅游有限公司鲁家分公司，前者负责串联游客接待场所、交通系统、风情街、18 个家庭农场等主要场所，后者利用多年经验和客源做好营销宣传。后来又成立了安吉乡土职业技能培训有限公司，为鲁家村民、村干部、创业者、就业者提供乡村旅游方面的培训。三家公司均由鲁家村集体占股 49%，旅游公司占股 51%。

在农场的投资运营层面，鲁家村引入外部资本对农场进行项目投资和运营管理。目前，已有 10 多亿元的工商资本投资在家庭农场。同时，鲁家村建立了一套完整的利益分配机制，由村集体、旅游公司、家庭农场主按照约定比例进行利益分配，村民再从村集体中享受分红；从而使得村集体、旅游公司、家庭农场主和村民都能从中获得相应的收益，调动了各方的积极性。

4. 创新开发模式，构建全产业链

鲁家村在现有分散农场的基础上进行功能完善，同时建设其他不同的文化主题农场，在一定区域内通过道路交通或主题过渡等方式进行连接，形成一个整体景区。在"主题农场聚集区"思路提出后，创新性地提出一个主题农场集聚区由一个开发主体以一个特定"主题"为核心吸引物，围绕这个主题设置 N 个重要的功能板块，再围绕这些重要的产品设置由 M 个参与者分别经营家庭农场的开发模式；最终形成核心吸引物与家庭农场相互支持、相互促进的相辅相成关系，共同构成一个完整的主题农场集聚区。

在鲁家村"主题农场聚集区"的直接体现即一个农场一个文化主题，从吃、喝、玩、养的方方面面打造不同文化主题定位，同一类型的农场不会出现第二个。在这样的规划框架下，鲁家村的发展思路逐渐明晰：村委同当地旅游公司组建农业发展旅游公司，以打造家庭农场为载体，以"公司 + 村 + 家庭农场"的模式进行经营，以统一规划、统一平台、统一品牌；共建共营、共营共享、共享共赢的"三统三共"思想作为整个系统的指导。

同时，鲁家村围绕乡村旅游重点进行全产业链的建设，达到农村生产生活生态"三生同步"、农村一、二、三产业"三产融合"、农业文化旅游"三位一体"；以整合农村特有的乡土资源，通过建立新主体、新机制、新模式，充分利用和保护山林田园和乡村民居的资源优势，以村内家庭农场集聚区为核心，打通鲁家、南北庄和赤芝生态走廊，以线串点、以点带面辐射带动鲁家周边南北庄、义士塔和赤芝村，建设集"生产、研学、亲子、观光、养生、休闲"为一体的乡村旅游全域示范区，全面构建集生态循环农业、文化创意农业和农事农耕文化体验于一体，相关产业布局合理、服务体系完善、农村环境生态的田园旅游休闲度假综合体。

（三）启示借鉴

1. 模式创新，规划先行

实践乡村振兴，必须要规划先行。鲁家村"主题农场集群"的开发模式就是乡村振兴规划先行的典型案例，同时也是对休闲农业和乡村旅游在模式上的大胆创新。早在 2013 年，鲁家村就启动了发展蓝图的设计，18 家农场的雏形已经跃然纸上。因此，鲁家村整体规划在面对原有乡村资源较为分散的状态下，在不改变农业种植业为重点的产业基础上，制定"家庭农场聚集区"的规划战略，在某种程度上解决了整体规划的统一性和个体定位的差异化的问题，对于大型农业园区或村集体主导下的休闲农业和乡村旅游的发展，具有一定的借鉴意义。

从乡土资源本身来看，鲁家村原始的乡村生态环境和自然资源禀赋较好，早在 2011 年就成功创建美丽乡村精品村。鲁家村低丘缓坡的地形也较为适宜发展乡村旅游，同时村里的土地较为集中，硬件基础设施也较好，这些资源条件为家庭农场集群的打造奠定了良好的基础。所以鲁家村"主题农场集群"的开发模式，前期所需的资金采取了类众筹的方式，借助社会化和企业化的力量，突破了资金、人才等方面的瓶颈，实现了资源、资产、资金的高度聚合。它不仅解决了整体规划的统一性和个体定位的差异化的问题，而且保留乡村原生态圈的打造和多方共赢的合作机制在开发过程中发挥了关键作用。

在公共基础和配套设施建设方面，鲁家村还统一修建了游客服务中心、风情街、10 公里绿道和 4.5 公里村庄铁轨等旅游基础配套设施，为游客的出行提供了方便和多样化的选择。在营销推广层面，鲁家村引进了专业的旅游公司进行统一宣传和对外营销；在专业人才培养层面，也成立了乡土职业培训公司；这些专业的公司和资源，为鲁家村入驻的企业和创业者提供了强有力的保障和后续发展的动力。

2. 精准定位，产业融合

在旅游业态的构架上，鲁家村不仅注重生态圈的打造，而且建立了多方共赢的合作发展机制，18 家农场并不是孤立的存在，而是在它的周围分布着村民自主经营的农家乐、民宿、农副产品商店等辅助性业态，为这些文化主题农场提供相关的配套服务，从而形成一个良性的循环发展机制，构建的整个产业链健康且完善。

同时，鲁家村在整个发展过程中坚持以农为本的自然生态理念，结合安吉县、递铺街道、鲁家村及周边村落实际，有效突出递铺街道鲁家村等四个村落的资源特色，以花卉中药材、特色水果两大农业主导产业为引领，发展现代生态循环农业；深入发掘花卉文化、中药文化、养生文化、农耕文化、木艺文化、民俗婚庆文化等，发展休闲农业；通过提高农业综合效益和现代化水平，增强园区村民群众的获得感和幸福感，确保带动农民积极参与和受益，确保村集体经济发展壮大，确保乡村治理能力有效提升。

因此，鲁家村通过一、三产业的深度融合，取得了"安吉鲁家"景区品牌开发的重大成功。目前，鲁家村旅游项目每年为当地村民增加工资收入超过 2100 万元；村民在旅游区中利用自己的住房开设民宿、农家乐，农家乐每年产值预计达 3000 万 ~5000 万元；为浙江省"三农"转型发展探索出一套可推广复制的新型生产生活方式，并为全国树立了一个生态文明建设和乡村振兴成功的典型示范案例。[①]

五、案例赏析：浙江省金华市蒲江县新光村

（一）情况概述

新光村因灵岩古庄园而闻名，其四面环山，是仙华山至马岭景区的必经之处。清乾隆年间，该村始祖朱可宾（灵岩公）开始在杭州、湖州一带经营木材、靛青染料和茶叶生意，富甲一方，号称"朱百万"。灵岩公自己赚了钱，不忘乡亲百姓，他赈灾济贫、修桥铺路、建渡口、开办免费学堂等。他花重金从杭州请来高人为其设计规划大庄园宅邸。该古庄园距今已有 270 余年历史，总面积15000 余平方米，灵岩古庄园是仙华文化的有机组成，更是浦江在清朝中后期儒家文化的次中心，时称"金华第一村"。

---

① 参考"新农道规划""山水合易旅游规划"微信公众号资料。

如今，在这个充满浙商 300 年传奇经历和故事的江南大院里，成功引进县青年创客联盟，融入老文化，增加新精神，打造青年创客基地和文创园，开设多样化店铺，打造"线上线下"体验化的物联网，为创客打造一个创业平台。新光村先后被评为浙江省历史文化名村、浙江特色旅游村、首批中国传统村落，还被评为市、县卫生村，3A 级景区村庄，浙江省美丽宜居示范村，金华市级生态村，绿色村庄，浦江县美丽庭院建设示范村等。

（二）具体措施

1. 大力发展生态农林业

浦江县虞宅乡新光村俗称廿五都朱宅，是一个四面环山的村落，东为浦江绝景之一的朱宅水口，南为中华山、笔架山、元宝山和瞿岩古道，西为马岭景区和著名奇石美女峰，北为青龙山、高坞，S 形太极溪环绕古村，现有森林面积 5500 亩，耕地 540 亩。新光村是远近闻名的历史文化名村，村内始建于 1938 年的明清建筑灵岩古庄园，距今近 300 年的历史，古庄园古色古香，井田方正格局，身处其中，说不清的幽静与沧桑。目之所及，做工精细、恢宏气派，由衷感叹先辈们的巧夺天工。

近年来，新光村在各级党委政府和林业部门的支持下，围绕以"绿水青山就是金山银山"的发展理念，推动生态产业较好较快的发展。在新光村附近已有千余亩的农业种植基地，内含香榧苗木、香榧果实基地、水果种植基地等，年产值达到 800 余万元。另外，新光村道路两侧还有百余亩苗木花卉种植基地。

过去，新光村曾是个典型的水晶加工村，全村曾有 316 家家庭作坊式的水晶加工户，水晶废渣废水随意丢弃排放，严重破坏古建筑格局。以"五水共治"为契机，新光村彻底整治水晶行业，水晶加工点全部得到取缔或搬移，违章建筑全部拆除。

2015 年以来，新光村的面貌更是发生了巨大的改变。为创建美丽乡村，全面开展保护古建筑的修缮工程，全力拆除地处古村落核心区的不协调建筑，对不符合历史文化风貌的部分现代设施按古建筑的风格统一进行改造，实施了三线入地工程，推进完善基础设施建设，做好不协调房屋拆除户安置工作、村内标志标牌系统建设、村入口景观工程和村污水处理改建工程等，大力发展乡村环境绿化和自然生态保护。

2. 打造旅游"新光模式"

2016 年至今，新光村实现了空地绿化全覆盖，村内生机勃勃，花团锦簇。实现"党建 +"模式，由党员带头义务劳动，党员带头做好垃圾分类工作，党员监督联系户各项工作。全村共有 30 余户农户开办农家乐，由村里统一管理、统一分配，形成了一套完善的自我管理和监督体系。

在发展旅游业方面，新光村开创了自己的开发模式。在新光村旅游，不仅可以参观浦江县青年旅游创客基地廿玖间里、双井房文创艺术馆、十间里和十三间里；而且还有小酒吧、青创咖啡、茶吧、书吧、手工 DIY 展示体验、创客店铺、密室逃脱、民谣基地、乡村红磨坊、小吃广场等。新光村充分利用其得天独厚的地理优势和村庄的文化魅力，发展观光、体验、休闲度假等旅游项目，实现了美丽经济转型升级，成为新时期新农村建设的典范。

其中比较典型的是"廿 × 间里"。"廿 × 间里"有南北各十间，东、中、西各三间，是远近最大的单幢古屋；曾是灵岩公长子静斋公的住房；设有六个大小天井，寓意六六大顺；四周设有五个大小台门，体现了古代"金、木、水、火、土"的五行设计；楼上楼下都设有回廊，犹如迷宫一样，整栋房子设有八道防火墙，可及时有效控制火情蔓延。俯视古庄园，集合了徽派和杭派建筑风格，马头墙此起彼伏，美不胜收，有江南的"乔家大院"之美誉。

"新光建设模式"的成功为其他地方古村落的开发提供了一个可复制、可推广的经验样本。新光村创客基地已具规模，目前有店铺40多家、掌柜70多人，节假日游客最多能达到数万人；成功打造了旅游新业态。创客基地吸引来的人流，带动了新光村乃至茜溪全线旅游产业的发展，新光村周末举办美食节，村民通过提供美食从发展旅游上获得了收益。

目前，新光村在摘得"全国生态文化村"称号后，持续保持当前良好发展势头，立足规划，以创建国家4A级旅游景区为目标，着重开始打造"度假、休闲、娱乐、农家乐"等项目为主导的具有地方特色、区域竞争力和影响力的"乡村休闲旅游度假区"。

（三）启示借鉴

1. 转型升级，发展旅游

相传新光村先祖朱可宾经商发家后，特意从杭州聘请规划设计师，于1738年在茜溪旁建造了廿玖间、诒穀堂、双井房、桂芳轩等婺派建筑，共有200余间房子，被称为灵岩大庄园。

在20世纪80年代中期，几位上海师傅在虞宅乡从事水晶加工，让水晶产业在浦江县生根发芽。新光村朱祖民1984年创办了新光装饰品厂，从事五角珠、八角珠等水晶产品的加工业务。水晶产业的蓬勃发展，让新光村逐渐红火起来，不少云南、贵州、江西等地人员熟悉水晶加工业务后，投资购买设备，在村里租了房子办起水晶加工点，自己生产经营。隆隆的磨珠机整天转个不停，新光村的大街小巷变得越来越热闹。据了解，新光村最多时有 316 家水晶加工点，外来人口有上千人，廿玖间等古建筑里都住满了外地人。水晶产业发展在给村民带来财富的同时，也带来废渣乱倒、废水直排等污染问题。

2013 年 10 月，浦江县在全省率先打响了"五水共治"第一枪，开展治水和水晶产业整治提升。2015 年 10 月，虞宅乡政府与浦江县青年创业者协会达成合作协议。陈青松带着 20 多位青年创客成功入驻廿玖间里，用他们的青春和激情开始了梦想之旅。旅游互联网和农业创客的先后进入，二鱼堂、一江蓝旗袍、传世刺绣、曼漫慢花艺、手工 DIY、非遗文化、手工美食等，廿玖间里成了青年创客们放飞梦想的舞台。

新光村乡村旅游开发以来，游客数量不断增多，平时日均游客量达 5000 多人，周末和节假日更为火爆。新光村从水晶整治、修缮古建筑到引进创客基地，成功实现了从美丽乡村到美丽经济的转型升级，先后荣获第四批中国美丽宜居示范村、中国乡村旅游创客基地、全国十大跨界旅游创客基地等荣誉称号。

2. 创客为主，创新业态

为了响应国家旅游局"旅游＋互联网"富民计划的号召，在虞宅乡政府的支持下，浦江县青年创业者协会牵头，2015 年 10 月，新光村廿玖间里旅游创客示范基地应运而生。廿玖间里旅游创客示范基地始终聚焦于软件环境的打造，重点吸引非遗手工类、民宿类、轻餐饮类等适合亲子和轻度假类型的 40 多位创客进驻，被评为"中国乡村旅游创客示范基地"、全国"十大跨界旅游创客基地""两美浙江"经典示范项目，并获得浙江旅游创新融合奖等。

此外，廿玖间里还开创了"乡村旅游线上平台导流，线下体验"的旅游新模式，全力打造旅游农产品新品牌；与"台湾"设计联盟、韩国设计中心合作，升级浦江农产品、旅游产品、文化产品，统一形象、统一品牌，提升浦江整体形象，并推向全国市场，带领浦江青年创业创新。在各级政府的支持下，廿玖间里二期规划引入高端民宿、国际青旅、乡村红磨坊等项目，丰富廿玖间里的业态；吸引更多的世界青年集聚新光村；同时整合旅游创客 App 平台，打造"旅游＋互联网＋农业＋创客"的"浦江模式"，为浦江实现将绿水青山变为金山银山的目标而努力奋斗！[①]

六、案例赏析：贵州省赤水市凯旋村

（一）情况概述

凯旋村是贵州省赤水市的一个行政村，全村 909 户 3145 人，面积 25 平方公里。距赤水市区 20 公里，是国家级风景名胜区赤水大瀑布和燕子岩 2 个 4A 级景区的必经之地，同时村内共有张家湾汽车露营基地、转石奇观景区、白马溪景区、赤水大峡谷农业生态园、旅游小镇等诸多景点，如诗如画的自然风光、多姿多彩的民俗文化、幸福和谐的小康生活，吸引着万千游客向往，一个贵州"香格里拉"呼之欲出。

2011 年该村被列为省级二类贫困村，农民可支配收入仅 3800元。近年来，全村以乡村旅游为主打产业，通过"三变"模式，实现了美丽乡村建设和农旅一体化深度融合，2016 年全村农民人均可

---

① 参考"金华新闻"微信公众号《浦江虞宅新光村获评"全国生态文化村"》。

支配收入达 23119 元。2014 年 12 月，被国家农业部和国家旅游局授予"全国休闲农业与乡村旅游示范点"，2016 年被评为"贵州省美丽乡村示范点"。

（二）具体措施

凯旋村在发展乡村旅游道路上总的思路和做法是：一变景，把旅游过境地变为旅游目的地；二变产，把传统农业变为二三产业；三变村庄和客栈，把落后村寨变为美丽乡村。具体发展中形成的特色与亮点及具体措施主要包含以下几个方面：

1. "变废为宝"，园景一体

引进贵州仙草、贵州中农、信天药业、白马溪谷 4 家企业入驻凯旋村，发展乡村旅游、石斛种植、现代休闲观光农业等生态产业。乱石窝变成了石斛产业观光园区、撂荒地变成了现代农业示范度假园区、野山沟变成了休闲娱乐旅游景区。三个园区 2016 年接待游客52 万人次，直接带动周边农户发展乡村农庄 35 家，户均可实现收入 6 万元以上。

同时，充分整合政府部门的扶贫资金，通过项目资金入股的方式，让贫困户享受发展红利。截至目前，全村共投入扶贫资金近1000 万元，联结贫困户 169 户，每年可获联结分红约 16 万元，人均年增收 946 元。

2."三变改革"，助农增收

以土地入股，流转的 3300 亩土地获得了 165 万元的入股分红；吸引 150 人在家门口就业，为村民和贫困户增加收入 324 万元；组建了石斛种植、乡村旅游两个专业协会，协会会员达 217 人，龙头企业带动会员个人种植石斛收益达 500 万元以上。98 家农户入驻电商平台，2016 年仅国庆 7 天网上销售收入就达 35 万元。

同时，景区与全村 49 户贫困户达成农特产品定点销售协议，景区按照约高于市场价的原则，对农户自身种养的生态猪、乌骨鸡、四季鲜笋、时令蔬菜、高山冷水鱼等农产品进行定点收购。仅 2018 年上半年，景区餐饮部收购的农产品就达 26.4 万元，农户户均增收 5387 元。

3."美丽乡村"，人人共享

"村庄变公园"，按照群众自筹、政府补助、市场投资 1∶2∶7 比例，投资 1.8 亿元，加快全村基础设施建设，目前，道路、管网、绿化、亮化、房屋改造等基本完成。"农家变客栈"，高标准打造农家客栈，让每户民居都成为具有接待游客住宿能力的农家客栈，

目前，全村已建成农家客栈 120 家；全村共有旅游从业人员 1200 人，人均年收入 2.5 万元以上。"一产变三产"，村民从传统农业中解放出来，更多的从事起石斛加工、蔬菜种植、餐饮服务等二、三产业，真正实现了"接二连三"。

（三）启示借鉴

1.一、三联动兴产业

按照"因地制宜、因地施策"的原则，依托独特的地理优势，深入推进一、三产业联动、农旅融合发展，守住绿水青山、变为金山银山的绿色生态经济初具锥形。

2.对接市场活资源

坚持以市场化为导向，以土地集约化管理为抓手，通过土地集

中流转、综合治理、原址利用等途径，对接市场盘活资源。

3. 村企一体促发展

积极争取扶贫项目资金，依托一、三产联动和村企相融，壮大集体经济，推动村民增收致富，实现农户"家庭经营性收入＋工资性收入＋财产性收入＋转移性收入"多元增收。[①]

七、案例赏析：山东省临沂市沂南县朱家林村

（一）情况概述

朱家林村位于山东省临沂市沂南县岸堤镇，是朱家林田园综合体的核心。朱家林村三面环山，西邻高湖水库；总面积 1560 亩，130 户 352 口人，其中贫困人口 31 户 65 人；原以种植花生、玉米等传统农作物为主。实施精准扶贫以来，朱家林村依托该村石墙、石屋保存比较完整的生态资源优势，创新乡村建设理念，以实现贫困户脱贫、村集体增收、村民共同富裕的生产美、生活美、生态美"三生三美"共建共享为目标，总投资 1.2 亿元创意规划了朱家林生态艺术社区项目。

朱家林生态艺术社区突出"文创＋旅游＋生态建筑"的深度融合理念，以文创产业活化乡村，重点打造以生态建筑、乡土文创、朴门农业、青创众筹、创意策划等永续环保项目为核心的青年创客中心、乡村美学馆、沂蒙生态建筑实验基地等工程。一期投资约5000 万元，主要建设青年乡村创客中心、村民生产转型培训中心、村社车站、手工作坊、乡村创意集市等综合型社区服务基础设施和乡村生活美学馆、美术馆、咖啡馆、茶舍、精品民宿、生态建筑技术工坊等新型产业样板工程。

目前，已经开发生态建筑设计、乡村创意工坊民艺体验、伴手礼、朴门农业示范、休闲养老、健康饮食、艺术展览、田园婚礼等

---

① 参考贵州省旅游发展委员会办公室提供的资料。

特色产品，把生产、生活、生态融为一体，传承乡土文化精华，重塑民间信仰，激活乡村再生能力，打造青年返乡创业基地、乡村旅游示范基地、城乡资源对接平台。

朱家林生态艺术社区开发建设中，村集体成立沂南县朱家林民俗旅游服务有限服务公司，以部分闲置房屋和土地入股乡建公司，负责土地流转和建设、种植、物业等配套服务。村集体通过土地流转连片治理扩大用地面积，增加集体收入16万元；在为旅游开发公司提供劳务服务中提取5%的管理费，用于集体积累；村集体还享受燕筑旅游开发公司整体运营中30%的股份分红。股份分红和土地流转集中经营所得收益的60%用于全体村民利润分红，对贫困户、无劳动能力、年老体弱人员从集体收入中实行兜底保障。村民在社区共建中，也通过土地房屋租赁、股份分红、务工、自主经营等多种渠道获得稳定的收入，人均增收5000元以上。

朱家林田园综合体位于沂南县岸堤镇，规划面积28.7平方公里，含10个行政村、23个村民大组，总人口16000人。2017年7月，朱家林田园综合体项目被评为山东唯一、全国首批十个田园综合体试点项目之一；作为农业农村发展新旧动能转换的新载体，朱家林开创了沂蒙乡村振兴的崭新模式。

（二）具体措施

1. 整体规划，蓝图先行

朱家林田园综合体在开发建设初期就立足突出地域文化特色，体现当地风土人情，结合试点项目区山、水、林、田、路、湖的自然空间，按照"产业、生活、景观、休闲、服务"五大功能分区要求，做出"一核两带五区"的整体规划：一核即朱家林创意生态核，两带即小米杂粮产业带、优质林果产业带，五区即创意农业区、田园社区、电商物流区、滨水度假区、山地运动区。

为推进规划实施，县里出台意见，着力搭建营商融资平台，重点招引创意创新型经营主体；县委、县政府成立了朱家林田园综合体项目指挥部、特色小镇管理服务中心、朱家林乡建发展有限公司，形成政府搭台、村企共赢、生态发展的模式。为了推动文化创意向现实转化落地，县里还对入驻的创客前三年免除场地租赁费；并设立孵化器种子基金，对孵化项目给予资金等方面的资助；同时还提供富民生产贷支持，财政给予基准利率 3% 贴息，贷款最高额度 500 万元。

为推动朱家林田园综合体项目建设，岸堤镇党委成立了片区党总支，负责创新社区管理、配合做好土地流转、协调服务工作。党委政府搭台，党员干部带头，群众紧跟其后。经过一年多努力，朱家林自然村所在的片区党总支协调流转土地 9000 余亩，保证了落地项目的土地供应。

2. 人才振兴，创客为魂

乡村振兴的关键在人才振兴，朱家林项目从一开始就搭建了一个吸引人才、成就人才的平台。朱家林田园综合体项目的成功也正是因为这样一批有志人才——"朱家林创客"们的聚集和努力；他们怀揣浓厚的乡土情怀和理想，在政府搭建的创业平台上，挥洒自己的创意和才华，推动着朱家林的不断发展。

例如，朱家林项目发起人和设计师宋娜就是这样一个典型。此前，宋娜在杭州等地做了五年设计师，经过她的手，不少园林空间焕然一新。秉持"建造一所清净心灵的栖居地，一座古村落式的美术馆"的信念，宋娜带领自己的年轻团队，来到了朱家林；按照"创新、三美、共享"的发展理念，团队不断探索实践乡村发展的可持续道路，并带动当地农民的致富。

设计师阿宝也是青年创客中的一员，阿宝是临沂兰陵人，毕业于山东大学景观设计专业，此前在北京一家设计集团从事建筑室内设计 12 年，打拼出了一番自己的事业。为了心中的那个乡土理想，2016 年他来到朱家林，创立了山东土生涂长文化创意有限公司，致力于深度挖掘乡土文化。走进朱家林村的青岚小院，阿宝一笔一画手绘图画，一座古朴而韵味悠长的篱笆小院跃然纸上。这样一幅手绘图画，印制到最普通的茶具、陶罐等器具上，就会让那些在农村最常见的物件身价倍增。通过这种文化创意，深入挖掘乡土文化，赋予当地土特产品文化符号，并通过改造外观包装等，让"土"货转"洋"，从而增加了产品附加值，价值上可以翻3-5倍。

目前，朱家林项目区内，已有合作社31家、龙头企业3家、专业大户8家、家庭农场7家，吸引山东燕筑、北京观筑、浙江水墨华清、齐鲁医院、曲阜师大等30多家机构落户，像宋娜、阿宝一样入驻朱家林的创业团队达到了18个，创业领域涉及文创、设计、农业等各个方面。正是得益于他们的无穷创意，朱家林各项产业活力迸发，"创客"成为朱家林田园综合体的亮丽名片。朱家林这个当初留不住年轻人的空心村，如今正有源源不断的新鲜力量涌入，汇聚在朱家林乡村振兴的大旗之下，小山村俨然成了热度持续攀升的人才"高地"。

3.传承匠心，全民参与

72岁的朱家林村民公丕省是村里的老石匠。朱家林田园综合体建设第一年，公丕省有200多天参与村里的民宿改造，用自己的双手建设着生活了一辈子的家园，一点一滴匠心传承，用传统的石墙垒砌技术，将过去村里多年的破旧院子建成了乡村旅游美丽庭院的新样板。

村民马光梅也在村党组织的帮助下开起了农家乐。客人多，家里人手不够，她索性将在徐州打工的儿子叫回来一起打理农家乐。同时，她还投资60万元在自家桃园里新建了10座小木屋，扩大经营规模。目前，村里类似这样的农家乐已经发展到了几十家。

"博士农民"邵长文在朱家林的知名度很高。2017年，县委吸引重庆大学生物学博士邵长文，到朱家林成立了"邵博士自然农场"，投资1800万元，建设集自然农法新技术推广、农夫市集、田园牧场及微农场体验等多功能为一体的创意性田园空间。村党支部牵头，组织近 20 名村民在其农场长期务工，每月有近 2000 元收入。在朱家林，像这样围绕农业增效、农民增收、农村增绿，以农业创客、农民专业合作社、家庭农场等为主体，以创意农业、休闲农业、文创产业为核心的一大批"一三产"深度融合型项目正如雨后春笋般发展起来。

在朱家林田园综合体建设中，坚持农民是乡村振兴的主体；他们不是简单地把村民迁出去，而是让村民成为建设的主体，共建、共享、共富。在村党组织的引领下，现在村民已从单一种植发展到农产品加工与服务、工艺品加工销售、配套公共服务，采摘、餐饮、娱乐产业等也搞得风生水起，村民从中分享到更多二三产业的增值收益。现在，村里人人有活干，农民人均可支配收入比上一年增加了 2200 余元，村集体收入也达到 50 万元。

乡村旅游产业的发展带来了朱家林的繁荣。山东燕筑生态旅游发展有限公司投资 2400 万元，采用"基地 + 作坊 + 店铺"的一体化经营方式，将文化旅游、农耕与深加工体验、餐饮、店铺等融为一体，塑造沂蒙山区农业文化与品牌。截至目前，朱家林已落地农业、文创等项目 20 个，总投资 13.9 亿元。其中，农业产业项目 15 个，投资 2.6 亿元，发展各类果蔬、小米杂粮、中草药等 15000 亩。2017 年接待参观考察、休闲旅游人数超过 10 万人次。

（三）启示借鉴

1. 坚持人才和金融保障

为支持朱家林乡村振兴建设，当地政府联合沂南农商银行先后推出了党员先锋贷、劳模先锋贷、思乡贷、红嫂贷等 8 个乡村振兴特色信贷产品，加大对农村致富带头人、创新人才和青年创客的返乡扶持力度，吸引人才、留住人才。

朱家林是省联社临沂办事处与沂南县政府签订的服务乡村振兴战略合作框架中的重点扶持村，沂南农商银行专门制订了朱家林样板村建设方案，并为朱家林田园综合体整体授信 10 亿元。目前，重点对综合体内的"智圣"家庭农场、"白雪庄园""布拉格香草园"等特色农业产业项目进行信贷支持，累计发放贷款 2000 余万元。同时，沂南农商银行选派岸堤支行行长挂职岸堤镇副镇长，积极参与样板村规划设计和具体事务管理，当好"参谋员、联络员、服务员、宣传员"，为该村发展提供人才和金融服务支持。

依托朱家林田园综合体的政策和资源优势，各级政府和金融部门积极支持综合体的特色农业和特色资源开发项目。项目发展带火了朱家林附近的观光旅游、娱乐休闲、田园采摘、民俗民宿、农家美食项目，老百姓在家门口创业、就业；如今的朱家林村组织健全，村容村貌整洁，村民安居乐业。

2. 搭建平台并共建共享

朱家林田园综合体为了保障项目的可持续发展和长期运行，从前期开始就搭建了一个双创平台，拥有策划规划、设计、建设、运营管理一体化的产业链。政府主导进行水、电、路、网等基础设施配套，建设创客公寓、田园客厅等创客创业服务设施，出台鼓励创业创新八条政策，打造优良的创业环境，营造良好的创业氛围。吸引各类专业人才下乡，以及各类创客、文创团队入驻，为朱家林村的发展提供源源不断的动力。

在乡村振兴的实施过程中，朱家林村坚持农民是其中的主体，因为他们承载着乡村的文化，连接着乡村的过去、现在和未来。他们的生活，本身就是乡村文化的一种体现方式。因此，朱家林村的建设没有采取常规乡村旅游景点打造把村民搬迁出去的做法，而是不搬走一人一户，不破坏一草一木，与村民共享共建。

所以，朱家林村在发展中最大限度地保留了原住民的生产、生活场景，将当地农民在日常生产生活中多年积淀的建筑、木工、手工、烹饪、文艺等传统文化技艺和个人特长变成潜在的资源。当地农民成为整个项目的参与者、建设者和受益者，由原来的被动带入变为积极主动融入，主动参与乡村建设、旅游发展、农产加工、手工制作、农家乐经营、民宿改造等。当地农民有了持续的收入来源，不仅从根本上脱贫致富，而且实现了家门口就业，更是吸引着年轻人返乡发展，让朱家林村再次恢复活力。

3. 构建完整旅游产业链

从产业的多元构成和长期发展的角度来看，乡村振兴的核心是乡村产业的振兴。乡村的发展如果只依靠一个产业，将面临产业链单一的问题，不仅收入和客源不稳定，还无法提供长期稳定的就业，而传统的农业因为收入少等弊端无法为农民提供稳定的收入来源。因此，乡村的振兴迫切需要以某个产业为核心的相关完整产业链的共同支撑。

朱家林村在发展乡村旅游和文化创意农业的同时，充分发挥乡村旅游的综合带动和整合功能，以乡村旅游产业为引领，优化整体项目空间布局，着力打造核心村精品民宿街、朴门农场、蚕宝宝家庭农场等一系列旅游相关产业项目；不断推进农业产业与旅游、教育、文化、康养等相关产业的深度融合。最终，朱家林田园综合体被打造成为创意小镇、特色小镇，以旅游为核心的全产业链的发展模式使得朱家林村在不收门票的情况下也能实现长期稳定的收益。①

八、案例赏析：江苏省无锡市阳山镇田园东方

（一）情况概述

无锡阳山田园东方项目位于"中国水蜜桃之乡"江苏省无锡市惠山区阳山镇核心区域，区内交通发达。无锡市阳山镇拥有桃园、

---

① 参考"灯塔党建在线"微信公众号《沂南县岸堤镇朱家林村：沂蒙大山里的"世外桃源"》；"沂南农村商业银行"微信公众号"乡村振兴样板村——朱家林村"；"八戒全域旅游"微信公众号《他山之石：田园综合体朱家林村经验借鉴》。

古刹、大小阳山、地质公园等生态自然景观。无锡阳山田园东方项目位于长三角经济圈的阳山镇近郊区域，交通便捷且拥有丰富的农业资源和田园风光；是国内首个田园综合体，也是中国首个田园主题旅游度假区；项目规划总面积约为6246亩，由东方园林产业集团投资50亿元建设，于2013年4月初启动建设。

"田园东方"项目以"美丽乡村"的大环境营造为背景，以"田园生活"为目标核心，将田园东方与阳山的发展融为一体，贯穿生态与环保的理念。项目包含现代农业、休闲文旅、田园社区三大板块，主要规划有乡村旅游主力项目集群、田园主题乐园、健康养生建筑群、农业产业项目集群、田园社区项目集群等，打造成以生态高效农业、农林乐园、园艺中心为主体，体现花园式农场运营理念的农林、旅游、度假、文化、居住综合性园区，是典型的一二三产业互融开发模式。

（二）具体措施

1.规划先行，重视顶层设计

"田园东方"项目在发展的前期，重视顶层设计，以生态和环保的理念进行项目的整体规划。整个园区的规划以"田园生活"为目标核心，将田园东方与阳山的发展融为一体，贯穿生态与环保的理念。

同时，田园东方不断完善项目运营模式，持续深化盈利模式。整个项目采取开放式的运营模式，融合打造生态、生产、生活的三生的产品功能，通过农业、加工业、服务业的有机结合与关联共生，实现生态农业、休闲旅游、田园居住复合功能。同时，项目以区域开发的思路来持续开发，前期通过小尺度配套物业确保持久运营，以文旅板块顶级资源引入提升土地价值，旅游消费和住房销售同步进行的"旅游+地产"综合盈利模式；后期则进行配套完善，做到良性循环可持续发展。

2. 农文商旅，融合多种产业

"田园东方"项目以"新田园主义"为核心开发理念，进行项目的规划开发。具体目标是用5年时间，全面建成空间布局合理、产业持续发展、资源节约利用、生态环境友好、区域特色鲜明的现代科技农业产业园。

其中，现代农业板块共规划四园（水蜜桃生产示范园、果品设施栽培示范园、有机农场示范园、蔬果水产种养示范园）、三区（休闲农业观光示范区、果品加工物流园区、苗木育苗区）、一中心（综合管理服务中心），整合东方园林产业集团的集团优势，导入当代农业产业链上的特色、优势资源，在阳山镇既有农业资源上进行深化和优化的双重提升，开拓阳山镇农业发展的新方向，开辟阳山镇"新农村"的新面貌。

休闲文旅板块主要以"创新发展"为思路，目前已引入拾房清境文化市集、华德福教育基地等顶级合作资源，其中拾房清境文化市集是由自然体验区、生活体验区和文化展示区三个部分组成，包含拾房书院、井咖啡、绿乐园、面包坊、主题民宿、主题餐厅等。

而田园东方社区板块的产品则以"新田园主义空间"理论为指导，将土地、农耕、有机、生态、健康、阳光、收获与都市人的生活体验交融在一起，打造现代都市人的梦里桃花源。

同时，田园东方还打造特色文旅产业，包括婚庆公园、露天剧场、桃花源商业街、汤泉花语客栈等丰富的文旅产业，提供包括采摘、垂钓、庭院中的小型游憩设施、生物动力有机农场等服务，提供特色的个性化旅游服务。在道路等硬件建设方面，加强步行系统、非机动车系统和水上观光系统等慢行系统的建设。建设亲子活动基地，绿乐园包括白鹭牧场、蚂蚁餐厅、蚂蚁农场、蚂蚁王国、蚂蚁广场，以及窑烤区和DIY教室等。完整呈现田园人居生活，打造长三角最具特色的休闲旅游度假目的地。

（三）启示借鉴

1. 商业盈利模式是核心

田园东方的商业盈利模式主要是增值地产项目盈利、开发旅游项目盈利和项目管理盈利。

地产项目的销售是田园东方获得利润重要的一环，在销售手段方面主要有预售和现售两种。而预售不仅可以实现与现售相同的取得高额利润的作用，还可以保证项目开发过程有充足的资金。田园东方地产项目的销售带来的大量资金又可以供给其他项目与基础设施建设，解决了旅游项目短期难以实现盈利的通病。

在地产项目销售的支持下，田园东方的旅游项目在经营方面就能更加自如，地产项目销售还能实现对旅游项目的宣传，为旅游项目提供客流保障。

旅游地产项目本身具备树立强大品牌的条件，可以推动项目所在区域的发展，同时带动相关产业的发展。项目的成功运作会使得自身以及母公司的品牌成为一种无形的价值，带来地产项目更多的销售利润、旅游项目更好的经营效益。

田园东方项目建设在土地方面的投资较小，成本不高，但是土地作为一种特殊的资源，后期经营中会有升值的空间，田园东方项目的成功直接拉动了周边地价的上涨，前期以低价所拥有的土地资源显现出优势，企业进行土地转让或者再次开发都会从中获得巨大的利益。

2. 产业和人才是关键

田园东方田园综合体是以企业为主，政府搭桥，农民参与，多方共建的开发方式，有利于产业规模化、集聚化发展，形成乘数效应，培育自己的基础产业，以基础性产业带动非基础性产业（第三产业）的发展，从而形成良性循环。一二产业的发展，促进了周边人口前来就业定居，又产生了新的消费需求，为服务行业的发展提供了市场，整个一二三产业链的循环就建立起来了。

同时，田园东方田园综合体的出现，为当地乡村人口回流创造了条件。田园东方在发展的过程中培育了自己的产业链，产业发展起来了，提供的就业岗位多了，前来工作的人自然而然就会积聚起来，原住民、新住民还有一些流动人口，就需要加快完善配套服务设施。对于常年工作和生活在田园综合体中的居民来说，需要一整套的工作、生活服务设施，来满足定居者的物质文化需求。配套社会发展网必须要有服务于农业、休闲产业的金融、医疗、教育、商业等。而与此结合，服务于居住需求的居民，同样需要金融、医疗、教育、商业等公共服务，由此形成了产城一体化的公共配套网络。田园东方田园综合体最终形成的是一个新的社会和社区。[①]

九、案例赏析：陕西省咸阳市礼泉县袁家村

（一）情况概述

袁家村位于中国陕西关中平原腹地，坐落在陕西省咸阳市礼泉县烟霞镇，地势西北高、东南低，地貌分为南部台塬和北部丘陵沟壑区两大类。袁家村周边有着丰富的历史文化资源，距袁家村10公里的唐太宗昭陵是全国第一批文物保护单位，世界上最大的皇家陵园。凭借丰富的历史文化资源，短短十年时间使袁家村发展成集娱

---

① 参考"生态体育"微信公众号《国内唯一盈利的田园综合体——无锡田园东方（深度剖析）》。

乐、观光、休闲、餐饮于一体的"关中印象体验地"。

自 2007 年开发建设以来，袁家村知名度及旅游人数呈逐年上升趋势，2013 年仅国庆黄金周袁家村接待游客 54.6 万人次，旅游收入 3276 万元，2014 年春节七天，袁家村共计接待游客 50 万人次，仅 2 月 3 日一天就接待游客 12 万人次（咸阳文物旅游局统计）。袁家村的综合旅游收入从 2011 年的 3600 万元到 2013 年过亿元，人均收入 2012 年达到 35000 元，这是陕西省农民人均纯收入的 6 倍多。

袁家村在发展乡村旅游的基础上，通过农民创业平台的打造，有效地解决了产业发展和农民增收问题，成功探索出一个破解"三农"难题、建设美丽乡村的新模式，也作为典型示范被全国各高校、乡镇村组代表组团学习。袁家村由此获得"中国最具魅力休闲乡村""全国特色景观旅游名镇名村""中国十大美丽乡村""国家 4A 级旅游景区"等荣誉称号。

（二）具体措施

1. 因地制宜，找准定位

袁家村在旅游资源的开发过程中因地制宜，将本地村民的日常生活、乡村的传统习俗，这些看似平常的农村生活作为核心吸引力，以地地道道的关中生活（包含当地人的方言、衣着、美食等），活生生地展现了关中民俗文化，最终以"关中民俗、乡村生活"为核心文化主题，大力发展乡村旅游。

袁家村开发以来，一直本着将乡村旅游与农民紧密结合。景区建设、经营的参与者都是农民，每个项目产品都是当地村民自己做，农民仍然住在原地，全民把生活做成旅游，因地制宜发展关中民俗，展现地道的关中农村生活。这样既完好地保留了农村原生态的生活场景，又调动了村民的积极性，避免了很多景点开发后变味、不接地气的问题。

袁家村寻找到当地的特色资源后，以当地特色美食、民俗文化展示、民俗购物为核心业态，以田园休闲、运动游乐、精品客栈等为配套休闲，开始稳扎稳打发展旅游业。刚开始动员村民从农家乐起步，打造关中老街和小吃街，待产业发展相对成熟，袁家村向乡村度假转型，完善配套留住游客，逐渐升级产业。现在，村里不仅有酒吧一条街、书画一条街、回民街，还有中式、日式、韩式等各类精品民宿。另外，艺术长廊、书屋客栈、创意工坊等新业态也融入袁家村，实现了单一餐饮消费向多元化消费转变，"阳光下的袁家村"向"月光下的袁家村"转变，一日游变成了两日游、多日游和度假游。

2.塑造品牌，共享经济

袁家村一直以关中美食为品牌核心做乡村旅游，有些小吃还被列入非物质文化遗产名录。

袁家村品牌能够建立的核心在于其优秀的食品质量管理体系。由于袁家村小吃信任体系、食品安全、价格体系等管理得非常好，切实保证所有游客情感诉求，于是游客口碑相传，使"袁家村"成为强大的 IP，产品自我发酵，信任让口碑成为快速传播方式，规模分享机制自然激活。

目前袁家村品牌已入驻西安小寨赛格、砂之船等购物中心。通过极具关中特色的一砖一瓦、民俗小吃、淳朴方言与游人在情感上寻求联系并沟通，加之良好的口碑和过硬的品牌质量，使得袁家村品牌可以在竞争激烈的民俗村中脱颖而出，也充分证明民俗村的构建不仅可以更好地保护、传承、展现民族文化，也可以促进经济增长。

袁家村的产业，在带动当地农民致富的同时，也为周边乡村发展做出了贡献。现在常年有 2000 多人在袁家村打工，很多外来商户已在袁家村安家定居，还带动周边和旅游沿线 1 万多个农民通过出售农副产品和提供服务增加收入。

袁家村的这种共享经济被广泛应用到旅游产业链的上下游，如在生意火爆的酸奶坊的背后，连接着一家家奶牛养殖场和酸奶加工厂，带动了一个产业的崛起；大量销售的辣子面和辣子油，拉动了当地及周边辣椒种植业的发展。

目前，袁家村已经形成了一个农字号的品牌、一个以民俗文化和创意文化为核心的旅游文化的产业链，一个以食品安全、健康餐饮为核心的农副产品加工、包装、营销和餐饮体验店的产业链。同时，袁家村以旅游发展为核心，融合一二三产业。通过品牌带市场的方式，三产带二产，二产带一产，致力将袁家村的农副产品卖到全国。通过产业的深度融合，袁家村的发展经历了从关中民俗旅游，到发展乡村度假游，再到现在发展农副产品产业链的过程，走出了一条"农业＋旅游＋文化"，实现共同致富的好路子。

3. 引进人才，创新管理

乡村振兴的关键是人才振兴，有人才的乡村才是充满生机的美丽乡村。袁家村打造创业、创客、创新平台，出台袁家村版的"人才新政""创业新政"，鼓励和吸引大学生创客、青年创业团队、文化企业、广告公司、建筑设计师等到袁家村创业就业、居住生活。正是这些新鲜血液丰富了袁家村的旅游业态，增强了袁家村的内在生命力和对外吸引力。

同时，袁家村还创新了社群型自组织管理模式。从 2007 年起，由村主任带头建立的袁家村，经过不懈的坚韧努力，通过集体经济的模式，做出了自身独具特色的管理模式。这种模式的核心思想就是商户分组自治制度。袁家村村委会将商户按照经营品类、所处位置分成了若干组，每组设立经营的组长。由组长负责统一管理卫生、品质、产品特色等，并设立动态打分和淘汰的机制。

除此之外，在关键的招商运营管理模式上，采用了免租金、统一经营和管理。对于关系到民生的食品原料进行统一供货、自营加工厂、调味品厂、酸奶厂、油厂、面粉厂等关键的原材料加工部分，将商户经营业绩与村集体的经营收益相挂钩，并且效益可观。这种绩效紧密挂钩的模式，远远超越了购物中心式的租金模式，让物业所有者与经营者的利益紧密捆绑。

为了把产业持续下去，袁家村把教育农民放到了第一位，成立了农民学校，并专门设有"明理堂"。由德高望重者主持，村干部、村民和商户代表参加，谁有问题都可以上明理堂，讲明道理，化解矛盾，解决问题。大家都齐心协力，以主人翁的姿态对待村子的发展。另外，村里注重精神文明，弘扬传统美德，倡导无私奉献，坚持诚信为本，最终给游客呈现一个古朴典雅、诚实守信的美丽乡村的模本。

（三）启示借鉴

1.旅游开发要找准定位，突出特色

乡村旅游在开发前期，面临的问题可能是一个区域里的村子大致都是一样的，所以在做定位的时候，一定要创新，要挖掘别人看不到的资源，突出自己的特色和优势。

做乡村旅游，最快也得 3~5 年。袁家村是经过五年不断创新、积累和熟化的过程才爆发的。乡村旅游靠口碑，口碑虽慢但效果最好。你只要把事情做对做好，自然会有人来，而且会越来越多。

2.乡村旅游要能够落地，场景生活化

乡村旅游要留住民俗、乡愁和人情，实际上就是留住农民和乡村生活。真实才有魅力，才对城里人有吸引力。袁家村最早是农家乐起步的，起步非常低，但是在不断地升级，到今天最传统的和最时尚的东西都有。吃的既有关中小吃，也有西餐日料；住的既有 100 多元的农家客栈，也有 1000 多元的精品民宿；既可以喝村民煮的茯茶，也可以品现磨咖啡；既可以和村里老汉闲聊，也可以和留着小辫子的文创青年讨论；可以带走两瓶油泼辣子，也可以带走一件自画像石头。

3. 乡村旅游要控制规模，丰富业态

一个成功的景区不在于规模的大小，规模越大可能烦恼越多，小的景区可能做得更为精致。袁家村核心其实只有 400 亩，但是开发设计时很注意控制规模，从街道的尺度到门店的大小，不论是总体还是局部，都设计得较为舒适化，同时因为业态丰富，每个门店都不一样，所以游客总有新鲜感，转起来不乏味。[①]

十、案例赏析：山西省汾阳市贾家庄村

（一）情况概述

贾家庄村位于吕梁山东麓、汾河水西畔，距汾阳古城 5 公里，村域面积 4.2 平方公里，居民 800 多户、近 3000 人。贾家庄党委、村委一班人，团结和带领全村人民，坚持从实际出发，用"滚雪球"的方式发展壮大集体经济，走共同富裕和谐发展的道路，使全村的政治建设、经济建设、文化建设、社会建设、生态文明建设都有了蓬勃的发展。

---

① 参考"美丽乡村进程"微信公众号方宁《袁家村的致富经对乡村振兴的借鉴与启示》；"新旅界"微信公众号宰建伟《袁家村是如何做乡村旅游的》。

中华人民共和国成立后，贾家庄人组建了汾阳农村第一个农业生产合作社，成为与大寨、西沟等齐名的全国典型。20世纪60年代，贾家庄又以大力发展机械化成为全国农业机械化的一面旗帜。1965年，一代文豪郭沫若参观后，曾即兴挥毫写下"杏花村外贾家庄……红旗高举在汾阳"的赞美诗句。改革开放后，贾家庄开始憋足了劲发展集体经济，一口气办了20多家企业。到20世纪90年代，贾家庄村集体经济实力迅速壮大，成为闻名三晋的富裕村。

近年来，面对产能过剩、传统产业亟待调整的新形势，贾家庄人与时俱进调整产业结构，学习借鉴陕西袁家庄、马嵬驿等地的经验，上马了三晋民俗体验项目——贾街，明清式商业小街容纳了全国各地的近百家风味小吃，吸引着中外游客流连忘返。并将旧的水泥厂生产线改造成恒鼎工业文化创意园，让一个独具特色的"乡村798"呈现在世人面前。著名导演贾樟柯也在这里利用旧的车间厂房，筹划建设电影艺术中心和种子影院。这一切的转变，使贾家庄文化生态旅游景区升级为国家4A级旅游景区，成为山西省的"创业孵化基地"。

目前，全村已形成以混凝土和预制构件为产业链的恒鼎建材公司，以酿造加工和酒类开发为产业链的盛世酒业公司，以种植、养殖、农产品深加工为产业链的绿色农业公司；以生态旅游和拓展培训、休闲娱乐、会务餐饮为产业链的旅游开发公司，全村集体固定资产突破6亿元，全村所有劳动力都转移到三大产业中，家家户户实现了亦工亦农。同时还帮助解决了周围邻村400多人的就业。

在集体经济不断增强的基础上，该村先后筹资数亿元资金不断加快基础设施建设。2014年投资2000多万元，做出了未来15年贾家庄发展规划，而且完善了一系列的硬件、软件设施，为贾家庄村顺利成为国家4A级旅游景区奠定了基础。并先后为村民建起了幸福苑小区8幢五层居民住宅楼，实施了打井饮水战略工程，高压线路低压电网的改造工程，拓宽了腾飞路、富民路、青年路三条高标准文明街，改扩建了中心小学、幼儿园，建起了益智图书苑、卫生院、高标准的垃圾回收站、污水处理站。逢年过节还要向村民发放各种福利奖励物品。儿童教育、老人养老、村民卫生保健都得到了更高的保障，村内绿化覆盖率也达到 41.6%。

2017 年，贾家庄村村集体固定资产近 6 亿元，村民人均纯收入 2 万余元。不仅先后荣获了"全国先进基层党组织""全国农业旅游示范点""全国民主法治示范村"等诸多荣誉称号，还成为"全国文明村"榜单上的"常客"，胡锦涛、温家宝、贾庆林、刘云山等众多的党和国家领导人先后莅临贾家庄视察指导，68 个国家的国际友人先后慕名而来参观访问。

（二）具体措施

1. 以旅游产业为核心

贾家庄村在开发的过程中，整合区域内各种资源，大力发展旅游产业，已经成为国家 4A 级旅游景区。在三晋民俗体验地——贾街，有东西走向的明清式商业小街四条，油房、磨坊、酒坊、手工艺品、古玩字画、民间饰品等琳琅满目、应有尽有，游客可以品味"贾家庄"牌自制经典老冰棍、特制酸奶等特色小吃，还可以去贾樟柯的"山河故人家厨"感受经典晋菜。

在集山水风光、民俗演绎、休闲游乐于一体的农业生态园，游客可以尽情享受田园风光，体验亲手进行农事活动的乐趣；领略古汾州的民俗文化；感受当地村民诠释"集体经济、共同富裕"。

在恒鼎工业文化创意园，游客可以品览独具特色的"乡村 798"。创意园由旧水泥厂改建而成，煤磨车间改造成了"18·18 恒记"展览馆，水泥成品库房改造成了"万年青茶馆"，原料场地改造成了"儿童体能拓展乐园"，著名导演贾樟柯在这里利用旧的车间厂房筹划建设电影艺术中心和种子影院。

在村史展览馆，游客可以纵览历史变迁。一件件真实的器物，一幅幅珍贵的历史照片，把游客带到了那个激情燃烧的岁月。如同进行一场穿越时空的历史对话。那一个个久违了的熟悉场景和面孔，就像一个个凝重的历史符号，在集体主义思想的红线串联下，组成了一幅壮丽的红色画卷……

2. 以营销模式为重点

贾家庄村的营销模式主要包括名人营销（超级 IP 贾樟柯）、活动营销（各种节日不停歇）以及新媒体营销等。

山西汾阳是贾樟柯导演的故乡，贾樟柯现任国际作家和作曲家协会联合会（CISAC）副主席，中国电影导演协会副会长，上海温哥华电影学院院长。代表作有《山河故人》《天注定》《三峡好人》等。一直以来，贾樟柯有很深的故乡情结，故乡是他创作的源泉。他把家乡的景、人、故事带到电影中，将家乡带到全球影迷眼前。2016 年 2 月，贾樟柯在贾家庄文化生态旅游区，拍摄了他的纪实短片《营生》。2016 年 3 月，贾樟柯艺术中心启动仪式暨三晋民俗体验地——汾州贾街开街新闻发布会在贾家庄文化生态旅游区召开。2016 年 12 月，央视 10 套《味道》栏目走进三晋民俗文化体验地——贾街录制。贾樟柯导演介绍了贾街美食，同记者品美酒、尝美食，该节目在春节期间播出。

拍摄地选址贾家庄、在贾家庄建立贾樟柯艺术中心、开设同名电影《山河故人》的主题餐厅、借《味道》栏目推广品牌，无不使用了名人营销。以贾樟柯的活动作为营销手段帮助贾家庄做宣传，形成了巨大的传播声量。

贾家庄是以民俗、文化为主打的文化生态旅游区，已经成为吕梁乃至山西的文化名片之一。通过延伸产品内容的方式，进行旅游创新，并将旅游产品进行深度挖掘，延长旅游产品链，丰富游客旅游体验。

贾家庄的乡村旅游文化节，已连续举办 16 届。2016 年 8 月的旅游文化节是贾家庄有史以来规模最大、项目最多、范围最广的一次盛宴；延伸出了灯光艺术展、"贾家庄杯"吕梁市首届拔河比赛、吕梁民间艺术系列展、台湾环球美食节、大陆音乐节、电视剧《我们村里的年轻人》启动仪式、贾街"我最喜欢的美食"评选活动、我要上 8.28 大舞台、汾阳市秋季物资交易大会等十余项活动，把民俗、文化这两大主题进行深度挖掘，同时加入拔河、美食节、评选、交易等项目，形成"π"字形的延伸营销，短时间内在山西范围内形成旅游集聚效应，吸引了大批游客，带动了当地旅游经济的发展。

2016 年中秋节，贾家庄举行了首届中秋河灯祈福节，晚上景区内灯火辉煌。此次河灯祈福节结合三星传说、拜月祈福、民俗表演、趣味互动等多种形式展开，迎合了游客中秋团聚、祈求保佑的心理，吸引了数十万游客在贾家庄度过中秋佳节。

春节假期和元宵假期，贾家庄的特色民俗活动，以焰火晚会、冰雪世界、花灯展览、庙会活动、特色美食为亮点，吸引了众多游客光临。贾家庄也成为"发展乡村旅游的一匹黑马"。

《歌从黄河来》是全国首档民歌风情音乐节目，逐渐成为中国民歌第一播出平台，中国电视文艺第一民歌品牌。2016 年 9 月 24 日，《歌从黄河来》全国巡回踢馆赛最后一站在贾家庄进行现场直播。民俗与民歌的结合，景区与综艺直播的交融，让"汾阳·贾家庄"出现在了全国观众眼前，贾家庄完成了一次漂亮的品牌展示。

20 世纪 50 年代，"山药蛋派"的代表作家马烽在贾家庄体验生活，并以贾家庄的先进人物和事迹为原型创作了小说《我们村里的年轻人》，后来该小说被拍成电影并风靡全国。

2016 年 8 月，电视剧《我们村里的年轻人》在汾阳贾家庄开机启动。新版《我们村里的年轻人》电视剧讲述汾阳市贾家庄村新一代年轻人，继承和发扬贾家庄精神，依托独特的区位、品牌、交通、绿色和集体五大优势，全面推进田园乡村游、红色经典游、民俗文化游、工业创意游、拓展培训游等乡村旅游项目，进一步做大做强旅游产业，谋求贾家庄村的再次腾飞的故事。

现在做旅游营销，已经离不开新媒体平台。新媒体营销以其快速、精准、互动性强、广受年轻人喜欢等特点，正逐渐在各类营销中起着不可替代的作用。贾家庄在新媒体方面做了各种各样的尝试，在山西范围内起到了良好的推广作用，并由线上带动线下，为景区知名度和客流量带来积极影响。

（三）启示借鉴

1. 深挖名人 IP，打造乡村慢生活

中国乡村旅游的开发，曾一度在模仿城市化的整齐和一致，导致旅游产品同质化和城市化现象严重，失去乡村旅游赖以发展的乡村自然人文特色。贾家庄在大力发展乡村旅游的过程中，深度挖掘贾家庄的"名人 IP"和"乡村慢生活"，努力营造田园乡村文艺氛围，围绕贾樟柯开发更多有意思的周边，追寻乡村旅游的本质田园内涵，打造悠闲惬意的田园乡村文艺风，以此来吸引更多的年轻文艺人群。

2. 丰富游客体验，开发文创产品

乡村旅游景区作为近年来广受欢迎的旅游产品，已经不断从传统观光型向文化体验性转变。比如贾家庄可以开启田园耕作体验产品，允许游客向农民租地，农民收租金，游客种植或养殖。假日里游客携带亲友到贾家庄的"自家地里"翻土耕种、除草捉虫、施肥浇水等，让游客置身田野，体验到贾家庄真实的乡村农业生产生活。

同时，乡村旅游产品蕴含了深厚的文化底蕴和人文内涵，其相关的旅游商品等也要充分结合地域文化特质进行文化创意的再开发，形成一系列贾家庄村特有的文创产品。[①]

---

① 参考"山西人文地理"微信公众号张劲松《从跟跑到领跑，汾阳贾家庄是如何"弯道超车"的？》。

参考文献

（书中注明直接引用的文献这里不再列出）

［1］梁漱溟.乡村建设理论［M］.北京：商务印书馆，2015.

［2］温铁军，潘家恩.中国乡村建设百年图录［M］.重庆：西南师范大学出版社，2018.

［3］宋洪远.中国农村改革三十年［M］.北京：中国农业出版社，2008.

［4］贺雪峰.新乡土中国［M］.北京：北京大学出版社，2013.

［5］王立胜.中国农村现代化社会基础研究［M］.济南：济南出版社，2018.

［6］王先明.走近乡村——20世纪以来中国乡村发展论争的历史追索［M］.太原：山西人民出版社，2012.

［7］王先明.乡路漫漫：20世纪之中国乡村（1901—1949）［M］.北京：社会科学文献出版社，2017.

［8］郭海霞.近现代中国"明星村"乡村建设思想研究［M］.北京：中国农业大学出版社，2014.

［9］郭丽，徐娜.乡村建设派［M］.长春：长春出版社，2013.

［10］魏后凯，闫坤.中国农村发展报告——新时代乡村全面振

兴之路［M］.北京：中国社会科学出版社，2018.

　　［11］姜长云，等.乡村振兴战略：理论、政策和规划研究［M］.北京：中国财政经济出版社，2018.

　　［12］韩俊.实施乡村振兴战略五十题［M］.北京：人民出版社，2018.

　　［13］孙景淼.乡村振兴战略［M］.杭州：浙江人民出版社，2018.

　　［14］湖北省乡村振兴研究院.乡村振兴之路——实施乡村振兴战略建设现代美好家园［M］.武汉：湖北科学技术出版社，2018.

　　［15］叶兴庆.现代化与农民进城［M］.北京：中国言实出版社，2013.

　　［16］温铁军，张孝德.乡村振兴十人谈——乡村振兴战略深度解读［M］.南昌：江西教育出版社，2018.

　　［17］罗德胤.在路上：中国乡村复兴论坛年度纪实（一）［M］.北京：清华大学出版社，2017.

　　［18］宋军令.文化传承视野下的中国乡村旅游发展研究［M］.北京：中国环境出版社，2017.

　　［19］黄晓辉，刘玉恒，刘小波.文旅融合：以诗照亮远方［M］.北京：中国建筑工业出版社，2018.

　　［20］中国建筑设计研究院.乡土再造——乡村振兴实践与探索［M］.北京：中国建筑工业出版社，2018.

　　［21］何建超.创意乡村［M］.北京：人民日报出版社，2015.

　　［22］顾小玲.新农村景观设计艺术［M］.南京：东南大学出版社，2011.

　　［23］俞昌斌.体验设计唤醒乡土中国——莫干山乡村民宿实践范本［M］.北京：机械工业出版社，2017

　　［24］王宝升.地域文化与乡村振兴设计［M］.长沙：湖南大学出版社，2018.

［25］王金涛.禅境景观［M］.南京：江苏人民出版社，2011.

［26］叶齐茂.发达国家乡村建设考察与政策研究［M］.北京：中国建筑工业出版社，2008.

［27］［美］杜威·索尔贝克.乡村设计——一门新兴的设计学科［M］.北京：电子工业出版社，2018.

［28］刘松鹃."田园综合体"模式下苏南休闲旅游型乡村转型发展研究［D］.苏州科技大学，2018.

［29］王笑容.乡村振兴战略背景下的田园综合体发展研究［D］.江西师范大学，2018.

［30］吴文智，王丹丹.当代民宿的行业界定与发展辨识［J］.旅游论坛，2018，11（3）：81-89.

［31］蒋文龙，朱海洋：此心安处是吾乡——从浙江实践看民宿产业发展走向［J］.农民日报，2019-04-29.

［32］杜熙，孟楠.乡贤文化助力农村治理现代化，人民论坛网2018-08-29. http://www.rmlt.com.cn/2018/0829/527120.shtml

［33］李思琪.新乡贤价值、祛弊与发展路径［J］.国家治理，2018（3）：28-36.

［34］刘松鹃."田园综合体"模式下苏南休闲旅游型乡村转型发展研究［D］.苏州科技大学，2018.

［35］王笑容.乡村振兴战略背景下的田园综合体发展研究［D］.江西师范大学，2018.

［36］吴文智，王丹丹.当代民宿的行业界定与发展辨识［J］.旅游论坛，2018（3）：81-89.

后　记

　　我从迫不及待离开乡村，到无比热切地返身走进乡村，跨过了30年的苍茫岁月。我的这种经历，是20世纪50—70年代出生的人们的相似际遇。

　　当然，此后从乡村走出的人们，大多也会重复这个人生之路的"轮回"，但不一定有我们这些人对乡村的感受那么深沉、那么强烈!

　　2018年是一个重要的历史节点。这一年中，我更加自觉地踏进了广阔的乡村大地。

　　2018年2月，国务院公布了2018年中央一号文件，即《中共中央国务院关于实施乡村振兴战略的意见》。2018年9月，中共中央、国务院印发了《乡村振兴战略规划（2018—2022年）》，并发出通知，要求各地区各部门结合实际认真贯彻落实。

　　从此，中国乡村史掀开新的一页。毫无疑问，新时代乡村振兴战略的影响是巨大而深远的。

　　立足于新时代乡村振兴战略的历史方位，来审视中国乡村发展的历史、现在和未来，既是当今学人的时代担当和学术职责所在，也是我们这一代人的乡村情结所致。正可谓："此情无计可消除，才下眉头，却上心头。"

　　在风云激荡的当代中国，我们既要放胆向前看、向外看，也要经常凝视过去，向后看。向后看，不是为了怀旧，而是为了更好地稳健地前行。

也许是由于学术背景的缘故，我更加注重从历史长河中观察中国社会的各种现象，从而往往得出不一样的结论。历史是一位智慧的老人，他指引的路子能够让我们少犯许多颠覆性错误。不了解历史，既容易缺乏时代的紧迫感，也容易出现不切实际的盲动。

所以，我在从事当代乡村振兴和乡村旅游研究的时候，也将目光投向了历史上曾经发生的乡村建设事件，试图从中汲取一些有益的营养。

当然，从西周的"国野制"开始，中国的乡村问题就出现了。那时的广大乡村地区统称为"野"，"野"也被称为"遂"。但是，那时的"乡"在"国"（城市或城镇）中，还不是现代意义上的乡村。随着城市的不断发展，城乡的分野逐渐扩大，甚至出现了一定程度的割裂和冲突现象。但是，由于我国特殊的国情所决定的，以农为本，农耕文明仍有国家民族"母体"的价值。"农村包围城市"现象将长期存在，即使未来高度城市化了，乡村仍是民族的根脉和心灵家园，正是大地情深！每到春节，全国几亿人从城市回到乡村，成为全球罕见的人口大迁徙；每到清明节，多少城里人又念念不忘地扶老携幼回到乡下祭祀自家的祖茔。乡村还是我们的根。

由于本书的内容所限，我们所关注的重点并非我国古代历史上的乡村治理问题，而是将眼光聚焦到了近代以来的乡村建设。从清末以来，不少仁人志士筚路蓝缕、前仆后继地从事乡村建设事业，给我们留下了一笔宝贵的财富。从这个意义上，我把新时代的乡村振兴称为"新乡建"，以区别于中国近现代史上的乡村建设运动。

本书从汲取近现代前人的乡村建设经验出发，以传承创新的视角进行乡村振兴与乡村旅游研究，试图找到一些规律性的东西，站在历史老人的肩膀上展望未来，进行创造性转化、创新性发展，以期对于当前和未来的乡村振兴和乡村旅游事业有所助益。

由于乡村旅游课题研究和乡村规划的共同爱好，我和河南大学宋军令副教授（博士）、四川梦幻田园农业观光旅游有限公司负责人王海一起，谋划撰写一本既有一定理论指导价值又有较强实用性的乡村振兴和乡村旅游发展路径研究的著作，以期对于当前和今后的乡村振兴和乡村旅游发展有所启发。其中既借鉴了国内外学者们的许多前沿成果，也包含着我们三位著者从实践中得来的不少最新感悟和认识，我们都是长期躬身从事乡村旅游研究和规划的人，是脚上带着泥土的别样书生，早已把观察和研究的触角伸向了一个个乡村——特别是偏远的村、山区的村、特色村、空心村、城乡接合部的村。

本书对于直接引用他人成果的地方尽量都加了注，以示不敢掠他人之美。少数化用的地方，为了减少烦琐注释，就没有加注，而在参考文献中予以体现，敬请原著者和读者朋友批评指正。

最后，要感谢豫西旅游度假区董事长田伟先生、河南方城县状元川景区董事长王国华先生对本书撰写和出版的鼎力支持。

张金岭记于河南郑州

2019 年 10 月

责任编辑：王　丛
责任印制：冯冬青
封面设计：谭雄军

图书在版编目（CIP）数据

新乡建与乡村旅游 / 张金岭，宋军令，王海著. --
北京：中国旅游出版社，2019.11
　　ISBN 978-7-5032-6381-1

　　Ⅰ．①新… Ⅱ．①张… ②宋… ③王… Ⅲ．①乡村旅
游－旅游业发展－研究－中国 Ⅳ．① F592.3

中国版本图书馆 CIP 数据核字（2019）第 250965 号

书　　名：新乡建与乡村旅游

作　　者：张金岭　宋军令　王海著
出版发行：中国旅游出版社
　　　　　（北京建国门内大街甲9号　邮编：100005）
　　　　　http://www.cttp.net.cn　E-mail:cttp@mct.gov.cn
　　　　　营销中心电话：010-85166536
排　　版：北京旅教文化传播有限公司
经　　销：全国各地新华书店
印　　刷：三河市灵山芝兰印刷有限公司
版　　次：2019年11月第1版　2019年11月第1次印刷
开　　本：720毫米×970毫米　1/16
印　　张：14
字　　数：200千
定　　价：48.00元
I S B N　978-7-5032-6381-1